Fritz Kortler

# SUCHER IN DER WÜSTE

## Unter Sufis, Magiern und Nomaden

Kösel

CIP-Titelaufnahme der Deutschen Bibliothek

*Kortler, Fritz:*
Sucher in der Wüste : unter Sufis, Magiern u. Nomaden /
Fritz Kortler. - München : Kösel, 1988
ISBN 3-466-34208-2


Gesamtherstellung: Kösel, Kempten.
Umschlag: Günther Oberhauser, München.
Umschlagfoto: Fritz Kortler.
ISBN 3-466-34208-2

# INHALT

Berufung 7

Bei den Sufis in Omdurman 12

Den Sand küssen und den Wind trinken ... 16

Trockenzeit – Regenzeit 24

Leben ist Wandel 32

Rückkehr 38

Bilder und Texte 41

Verzeichnis der Abbildungen 119

Literatur 120

# BERUFUNG

*Ich denke, daß einige Menschen außerhalb des Platzes geboren werden, der ihnen zukommt ... Es mag sein, daß ein tief verwurzelter Atavismus den Wanderer zurück nach Ländern drängt, welche seine Vorfahren im Beginn der Geschichte verlassen haben.*

SOMERSET MAUGHAM

Schon in meiner Kindheit übten die orientalischen Länder einen magischen Zwang auf meine Phantasie aus. So baute ich etwa mitten im Sommer die Weihnachtskrippe auf, um mich an der morgenländischen Hirtenwelt zu berauschen. Nach und nach wurden meine Vorstellungen konkreter: Bilder von Sanddünen, ziehenden Kamelkarawanen und auf Pferden reitende Beduinen nährten meine Sehnsucht nach einem freien, abenteuerlichen Leben außerhalb der von unserer Gesellschaft abgesteckten und abgesicherten Grenzen. Frühzeitig wurde mir klar, daß ich für ein bürgerliches Leben mit seinen einengenden Konventionen nicht geschaffen war. Hinter meiner Liebe zur Wüste und den Ländern des Orients ahnte ich bereits das Walten einer schicksalhaften Macht. So konnte es nur eine Frage der Zeit für mich sein, bis ich aufbrechen würde, um ferne Länder zu bereisen.

Mit zwanzig verabschiedete ich mich von meinem Beruf als technischer Zeichner, um fortan aus meiner Berufung einen Beruf zu machen und Weltreisender zu werden! Arabien und Afrika lockten. Zweieinhalb Jahre lang radelte ich zusammen mit einem Freund, einem ehemaligen Kollegen, durch die Länder des Nahen Ostens und weiter durch ganz Afrika bis hinunter zum Kap der Guten Hoffnung. In Jordanien empfing uns König Hussein in seinem Palast. Der damals noch junge Monarch vermittelte uns einen vierwöchigen Aufenthalt beim großen Beduinenstamm der Beni Sachr. Wir wurden in Beduinenkleider gesteckt, ritten auf Pferden und Kamelen und gingen mit unserem Scheich auf die Jagd. Ich lernte eine Lebensform kennen, von der ich, wenn auch noch undeutlich, fühlte, daß sie meinem Wesen mehr entsprach als jede andere. Die Vorstellung, unter Beduinen zu leben, ließ mich seither nie mehr ganz los. Ich wußte, daß mir

*Bereits 1959 verbrachte der Autor vier Wochen als Gast bei einem jordanischen Beduinenstamm, den Beni Sachr. Damals war bei den »Bedu« die Falkenjagd noch lebendig. (Foto: Franz Krieger)*

etwas eingegeben worden war, das wachsen mußte.

Weitere Reisen folgten: Zu den Tuareg in der Sahara; im Einbaum auf einem westafrikanischen Urwaldfluß – ein Überlebensexperiment; zu zweit im nur fünfeinhalb Meter langen Segelboot über den Atlantik als weitere Grenzerfahrung; und schließlich mit einer Vier-Mann-Expedition zu den letzten Steinzeitmenschen im schwer zugänglichen Hochland von Papua-Neuguinea. Der behutsame Umgang des »Wilden« mit der ihn umgebenden Natur, seine unverhüllten Emotionen und seine tiefe Menschlichkeit waren für mich eine völlig neue Erfahrung. Nach fünf Monaten löste ich mich von der Expedition, wohnte meistens in den Gras- und Baumrindenhütten der Papuas und paßte mich so gut wie möglich ihrer uns unfaßbar scheinenden Lebensweise an. Damals erhielt ich auch die Gewißheit, daß ich die für mich entscheidenden Erkenntnisse und Einsichten nur allein sammeln konnte: allein unter Einheimischen. »Mitleben« war der Schlüssel – nicht als Forschungsmethode, sondern im Sinne einer weitestmöglichen Identifikation, um mich so an die allen Völkern gemeinsamen Wurzeln des Menschseins heranzutasten. Ich hegte die Hoffnung, den ganzen Ballast einer sich selbst zerstörenden Zivilisation abstreifen und ein meiner Natur gemäßes Leben führen zu können.

Zurückgekehrt von der Tropeninsel, bereitete ich mich auf mein großes Ziel vor, unter arabischen Nomadenstämmen zu leben: als Nomade unter Nomaden! Die Aussicht auf ein seßhaftes Leben in Deutschland mit seinen tröstlichen Überflüssigkeiten hatte für mich jeden Reiz verloren. Mein ganzes Denken und Fühlen war von der Idee durchdrungen, in die karge Welt der Wüstenbewohner einzutauchen. Aus Erfahrung wußte ich, daß man, wenn man etwas wirklich will, es fast immer erreicht. Selten nur liegen die Hindernisse in den äußeren Umständen, sondern fast immer in uns selber. Das letzte Jahr vor dem Aufbruch in mein »Gelobtes Land« verbrachte ich in einem Zustand fast ununterbrochener Versenkung. Ich identifizierte mich im Geiste bereits vollkommen mit meiner künftigen Lebensweise unter arabischen Nomaden, mit der Wüste, der Heimat meiner Seele. Das nahm erstaunliche Formen an. So begann sich mein Aussehen zu verändern, es wurde asketischer, glich immer mehr einem »Arab«. Sogar meine Schrift nahm arabische Züge an. Innerlich begann ich mich bereits von meiner Umgebung zu entfernen. Mehr und mehr zog ich mich von meinen Freunden zurück, ging in »Klausur«. Meine Lektüre bestand während dieser Zeit – ich hatte bis dahin nicht viel gelesen – aus »Die Offenbarung Arabiens« von Doughty, »Die Sieben Säulen der Weisheit« von T. E. Lawrence und islamischen Mystikern wie Ferid Ud-Din Attar und Dschelal Ud-Din Rumi. Ein Freund übersetzte mir lange Passagen aus den Büchern des französischen Abenteurers und Schriftstellers Henry de Monfreid ins Deutsche. Monfreid hatte 40 Jahre in den Ländern des Roten Meeres unter Moslems gelebt und war selber zum Islam übergetreten. Abd Al-Hai'i, »Diener des Lebendigen«, nannten ihn die Araber. Da gab es ein Zitat, das mich neugierig machte und mich seltsam beunruhigte: »Der islamische Fatalismus enthält eine große Wahrheit: Das Buch des Schicksals, wo alles geschrieben steht, das ist unsere eigene Natur.«

Seit vielen Jahren besaß ich eine deutsche Übersetzung des Korans, den die Moslems einfach Al-Kitab, »Das Buch«, nennen. Aber immer wieder legte ich das Buch unbefriedigt und enttäuscht zur Seite, bis ich mich schließlich entschied, den Koran unterwegs, vor eigenem Erfahrungshintergrund und in der geistigen Atmosphäre, in der er entstanden ist, zu lesen.

Der Zeitpunkt des Aufbruchs rückte näher. Endlich fühlte ich mich reif, unter Arabern zu leben, unter »Arabern der Wüste«. In geographischer Hinsicht hatte ich keine konkrete Vorstellung, wie und wo ich »meinen« Nomadenstamm finden würde. Ich hoffte jedoch, daß es im Jemen, am Rande der großen arabischen Wüste Rub-Al-Khali, »Das leere Viertel«, noch weitgehend unverfälschtes Nomadentum geben würde. Es war ja auch mehr ein inneres Ziel, das mich drängte, nach Arabien zu gehen. Im übrigen vertraute ich mich völlig der Vorsehung an. »Mektub«, sagt der Araber: Alles steht geschrieben!

Mein bisheriges Leben – davon war ich zutiefst überzeugt – hatte mir alle notwendigen Voraussetzungen mitgegeben, um ein Dasein unter Nomaden zu bestehen. Insgeheim hegte ich den Wunsch, für immer in der Wüste unterzutauchen. Es war mir bekannt, daß schon mancher Europäer von der Wüste einen so starken Eindruck empfangen hatte, daß er fortan ein Leben unter Arabern einer sicheren Existenz in seiner Heimat vorzog. Es war wie eine okkulte Macht und nicht nur Abenteuerlust, die mich in eine Welt lockte, in der Hunger, Durst, Hitze, Staub und Mißtrauen meine ständigen Begleiter sein würden. Bis ich jedoch mein Ziel erreichte, hatte ich einige ungewöhnliche, für meinen weiteren Weg wesentliche Stationen zu passieren.

Auf dem Umweg über die Türkei, wo ich einen mir befreundeten »Mevlevi«, Mitglied einer verbotenen Derwisch-Bruderschaft, besuchte, kam ich eines Tages nach Kairo. Dort blieb ich drei Monate, um meine spärlichen Arabischkenntnisse aufzubessern und mich mit arabisch-islamischen Sitten vertraut zu machen. Da saßen sie in finsteren Teestuben: malerische Gestalten, die Wasserpfeife vor sich auf dem Boden, daneben ein Tischchen mit dem Teeglas darauf. Täglich weilte ich in den altehrwürdigen Moscheen Kairos im Gespräch mit islamischen Gelehrten. Am liebsten jedoch mischte ich mich unter das einfache Volk. Nacht für Nacht streifte ich in der ärmlichen Baumwollkleidung eines Fellachen durch die ältesten und als besonders fremdenfeindlich geltenden Stadtteile. Mit einem Gefühl der Ekstase tauchte ich in das bunte arabische Leben ein. Stundenlang kauerte ich nachts wie ein Bettler in düsteren, schmutzigen Ecken herum und ließ die geheimnisvolle Welt des Orients auf mich wirken. Diese Erfahrungen dienten mir zur Einstimmung in ein Leben, dessen Fremdartigkeit und Entsagung für einen Europäer nur schwer zu ertragen ist. Ich fing an, die Welt mit den Augen des Orientalen zu betrachten.

Der aufrüttelnde Ruf des Muezzins kündete von der Größe Allahs und der Vergänglichkeit des irdischen Daseins. Ich fühlte mich angezogen von der asketischen und zugleich sinnlichen Seele des Islams. Eine Ahnung verdichtete sich zur Gewißheit: daß der Intellekt nur ein schwacher, schattenhafter Ersatz für Vertrauen in das Walten einer höheren Intelligenz sein konnte, die unser eigenes beschränktes Wissen bei weitem übersteigt. Andererseits sträubte sich in mir alles gegen religiöse Dogmen, welche die Menschen in feindliche Lager spalten und sie dazu bringen, sich gegenseitig zu hassen und zu bekriegen. Eine Lösung für mein künftiges Verhältnis zum Islam fand ich schließlich bei den Sufis, islamischen Mystikern, im Sudan. Ich wohnte ihren abendlichen Treffen bei, bei denen ich unauffällig auf die Echtheit meiner Gesinnung geprüft wurde. Schließlich wurde ich selbst in eine der zahlreichen Sufi-Gemeinden aufgenommen, eine Gelegenheit, wie sie nur selten einem Europäer zuteil geworden ist. Dabei erschloß sich mir eine in jeder Hinsicht fremde und geheimnisvolle Welt.

# BEI DEN SUFIS IN OMDURMAN

Vier Monate blieb ich in Omdurman, der großen Stadt am Zusammenfluß des Weißen und des Blauen Nils, die mit ihren niedrigen, flachen Lehmhäusern sich noch weitgehend das Fluidum vergangener Zeiten bewahrt hat. Eine tragische historische Bedeutung erlangte Omdurman durch den Aufstand der Mahdisten gegen Ende des 19. Jahrhunderts, einer politisch-religiösen Derwisch-Bewegung, die unter Führung des Mahdi (Gottgesandter) unter dem grünen Banner des Propheten im Kugelhagel der englisch-ägyptischen Legionen verblutete.

Omdurman genießt den Ruf als »Stadt der Derwische«. Schon früher hatten die »tanzenden und heulenden Derwische« meine Phantasie bewegt. Das Wort Derwisch ist gleichbedeutend mit Sufi. In der Tat: nirgendwo in der islamischen Welt wird die Mystik so sehr gepflegt und treibt sie so bunte Blüten wie im Sudan. Die Bezeichnung Sufi wurzelt in dem arabischen Wort *suf,* Wolle. Und Sufis nannte man »die in Wolle Gekleideten«, was als Ausdruck der Armut galt. Der Sufi oder Derwisch versteht sich als »Armer« – Armsein vor Gott. Das ist islamische Demut, die vom Menschen das Armsein fordert, um sich frei zu machen von dem, was ihn dieser Welt verhaftet. Ursprünglich war der Derwisch ein frommer Wanderasket, der den »inneren Weg« beschreitet, der in Gott aufgegangen ist, jenseits der vergänglichen Welt, die zu Staub zerfällt.

Die Sufi-Gemeinden sind lose Verbindungen, die sich um einen Sayid oder Ordensscheich scharen. In diesem Fall hat das Wort Scheich die Bedeutung eines mystischen Führers. Die meisten von ihnen leiten ihre Herkunft direkt von der Familie des Propheten Mohammed ab, die nach einer Stelle im Koran besondere Verehrung genießt.

Die religiösen Ausdrucksformen des Sufi orientieren sich weniger am Koran, sondern verlangen nach Verinnerlichung, nach Schönheit und Kultiviertheit. Er ist Lebenskünstler. Sein Bewußtsein wird täglich neu durch meditative Übungen, Thikkr genannt, mit Harmonie erfüllt. Dazu gehört das Wiederholen von spirituellen Formeln, die der Scheich vorgibt, zu bestimmten Tages- und Nachtzeiten, während die Gebetskette durch die Finger gleitet. Traditionsgemäß praktizieren jedoch die meisten sudanesischen Sufis regelmäßig gemeinsame mystisch-ekstatische Tänze. Durch rhythmisches Hinundherschwingen des Oberkörpers, begleitet von den hechelnd ausgestoßenen Lauten »La-ilah-il-Allah« (es gibt keinen Gott außer Gott), versetzen sie sich für Stunden in Ekstase, um in Gott aufzugehen. Dabei überwältigt die Tänzer eine überströmende Gottesliebe, die sie schluchzen und heulen läßt. Dies ist jedoch nur ein »Erheben« der Gefühle, ohne daß damit höhere Erkenntnis einherginge.

Hier fragte niemand nach meiner Religionszugehörigkeit, ich war einfach da, und man begegnete mir zunehmend mit Wohlwollen und Zuneigung. Wir spürten eine innere Übereinstimmung, die keiner Erklärung bedurfte und die auf einer gemeinsamen geistig-seelischen Schwingung beruhte.

»Wie wird man Sufi«, werde ich gelegentlich gefragt? Wahrscheinlich gibt es darauf nur eine gültige Antwort: »Sufi wird man nicht, Sufi *ist* man!« Aber mehr im Sinne eines Zustands als Ergebnis einer besonderen introvertierten Veranlagung. Im Gegensatz zu den in starre Rechtsvorschriften eingebundenen orthodoxen Moslems, hegt der Sufi ein durch und durch intuitives, vom Gefühl beherrschtes Verhältnis zu Gott. So spricht man bei großen Sufis auch von ihrer »mystischen Liebestrunkenheit«. Sie sind die Träumer, Dichter und Philosophen des Islams und von großer Toleranz Andersgläubigen gegenüber. Im allgemeinen ist der Sufi kein religiöser Fanatiker, und engstirniger Dogmatismus ist ihm fremd.

Dreimal wöchentlich versammelte sich unsere Gemeinde im ummauerten Hof einer Grabesmoschee, unter deren Kuppel der Sarkophag des Gründers unseres Ordens stand. Der Sufi ist stark an die Person seines Ordensgründers gebunden, dessen Grabmal das ganze Jahr über von Verehrern aufgesucht wird und von dessen Nähe segenspendende Kräfte ausgehen sollen.

Würdevoll aussehende Gestalten mit andächtigen Gesichtern sitzen statuenhaft, mit untergeschlagenen Beinen, auf golden schimmernden Grasmatten. Weihrauch steigt aus einem Tongefäß in den sternenübersäten Himmel. Die Luft ist rein und das Licht gedämpft, das alles Dasein in einen schwebenden Zustand zwischen Wachen und Träumen verrinnen läßt. Ein alter, dunkelhäutiger Mann mit fein ausrasiertem schlohweißem Bart singt ein fast schmerzlich sehnsuchtsvolles Lied auf Allah und die Familie des Propheten Mohammed, ein Lied, das man mehr mit dem Herzen als mit den Ohren erlauschen muß, um es zu verstehen. Es ist eine sinnenbetörende und zugleich einschläfernde Melodie, die sich gleichförmig fortsetzt. Einer nach dem andern gleitet in einen tranceähnlichen Zustand hinüber. Wir sind nicht mehr von dieser Welt. Plötzlich wird die heilige Stille von heftigen, unartikulierten Lauten zerrissen. Ein Mann springt auf und vollführt einen kurzen, ekstatischen Tanz und sinkt in sich zusammen. Ein anderer schlägt sich vor innerer Überwältigung die Hände vors Gesicht und fängt laut an zu weinen. Ein fast unmerklich kühler Lufthauch, der von draußen hereindringt, streicht über die Gewänder und lose aufgesetzten Turbane träumender, am Boden kauernder Männer...

Ein würziger Duft orientalischer Speisen holt uns wieder in die Wirklichkeit zurück. Der Abend endet mit einem gemeinsamen Mahl, das der Scheich spendiert – als Zeichen der äußeren und inneren Verbundenheit. Diener schleppen Eßplatten, groß wie Wagenräder, herbei, mit Bergen von dampfendem Reis, Hammelfleisch, gerösteten Tauben, knusprigen Fladenbroten, allerlei Gemüsesorten und scharfgewürzten Saucen. Ein barfüßiger Derwisch in langem, gegürtetem Rock aus bunten Flicken gießt jedem Wasser aus einer Kanne über die rechte Hand. Dann fordert uns der Scheich zum Essen auf, ohne sich selber an dem Mahl zu beteiligen. Das ist guter islamischer Stil. Ein dankbares und zufriedenes »Al-Hamdulillah«, Dank sei Gott, kommt aus aller Munde.

Der Sufi versteht sich nicht nur auf geistige, sondern auch auf weltliche Genüsse. Doch läßt seine Kulturseele keine Ausschweifungen zu. Stets verbindet er Vergnügen mit der Religion, es gibt für ihn keine ausschließlich weltlichen Freuden, keine Trennung zwischen Spiritualität und Alltag.

So sehr mir die feinsinnige Kultiviertheit der Sufis gefiel und mein Leben in Omdurman in eine Art Tagtraum verwandelte, so lockte mich doch wieder die Wüste, ihre Kargheit und ihre Freiheit. Ich spürte den unwiderstehlichen Drang, weiterzuziehen. Idris Shah, einer der bedeutendsten Lehrer des Sufismus im Westen, schreibt:

»Manche Derwische wandern überhaupt nicht und manche, die keinen Lehrer haben, ständig. ›Erst beim Gerben einer rohen Haut erscheint die Reinheit und Zartheit des Gewebes. So gerbt auch die Reise den Wandernden, und erst wenn die natürliche Verderbtheit und die angeborene Härte verschwunden sind, erscheint die läuternde Weichheit der Hingabe, und Starrsinn verwandelt sich in Vertrauen.‹«

Durch eine schriftliche Empfehlung meines Sufi-Scheichs an einen weithin bekannten Mystiker und Magier, der seit vierzig Jahren in der Wüste unter Nomaden lebte und von diesen wie ein Heiliger verehrt wird, tat sich mir die große Gelegenheit auf...

# DEN SAND KÜSSEN UND DEN WIND TRINKEN...

Als ich Omdurman verließ und sich die hitzeflimmernde Wüste vor mir ausdehnte, hatte ich das ziemlich sichere Gefühl, meinem Ziel einen großen Schritt näherzukommen. Keinesfalls wollte ich mich diesmal, im Gegensatz zu früheren Kontakten zu Nomaden, mit einer kurzen Gastrolle zufriedengeben. Um die Geheimnisse dieses weiten, knochentrockenen Landes und seiner Menschen zu enthüllen, würde ich lange Zeit »draußen« bleiben müssen. »Khala« nennen es die Araber, was gleichbedeutend ist mit Leere, Ödland, Ausgeliefertsein. Allein das Wort »Khala« hatte meinen Gastgebern in Omdurman einen Schauer verursacht, auch Verachtung schwang darin mit. Denn der sudanesische Städter, überhaupt der Stadtaraber, hat gegen alles, was »draußen« ist, eine tiefe Abneigung, die in einer vagen Angst vor dem Unbekannten, Unwägbaren wurzelt. Und die Wüste ist unwägbar, in ihr zu leben ein Wagnis.

Da stand ich nun im diffusen Licht eines ausklingenden Sandsturms, eingestaubt von Kopf bis Fuß. Ein paar Strohhütten und braune, lang hingestreckte Haarzelte schälten sich schemenhaft aus dem staubgetränkten Licht. Verwitterte, dunkelhäutige Gestalten, in graue Fetzen gehüllt, kamen mir entgegen, umarmten mich und hießen mich mit ernsten Gesichtern und dem ganzen feierlichen Begrüßungsritual der Wüstenbewohner willkommen. Unfaßbar, wie einsam diese menschliche Siedlung in dem tellerflachen, nur von ein paar Dornensträuchern durchsetzten Land stand. Ich hatte das Gefühl, am Ende der Welt ausgesetzt zu sein. Am Abend dieses ersten Tages unter Nomaden schrieb ich in einem Ansturm von Euphorie in mein Tagebuch:

»In der Wüste – in meinem Gelobten Land! Meine Ankunft bei den Nomaden ist wie ein Nachhausekommen. Ein stiller Jubel erfüllte mich. Ich wollte ihn hinausschreien in diese blonde Weite, wollte den Sand küssen und den Wind trinken...«

Der geheimnisvolle alte Mystiker nahm mich freundlich auf. Das karge Leben in der Wüste hatte Spuren der Abgeklärtheit und der Güte in sein Gesicht gezeichnet, das heiter über aller Bitternis lächelte, als ob er das Geheimnis für den tieferen Sinn des Lebens besäße. Er sprach von der Ergebung in die Allmacht Gottes, die allein imstande ist, uns zu innerem Frieden und somit auch mit unserem eigenen Schicksal zu führen.

Noch am selben Abend ließ mein Gastgeber einen Hammel für mich schlachten. Das rituelle Schächten des wehrlos am Boden liegenden Tieres und das dazu gesprochene »Bismillah«, »Im Namen Gottes«, wirkte auf mich wie eine symbolische Handlung, durch die ich in die Geheimnisse eines neuen Lebens eingeweiht werden sollte. Ich spürte, daß ich eine Schwelle überschritten hatte.

Drei Wochen blieb ich bei dem Magier, der sich die meiste Zeit in einer Strohhütte verborgen hielt und sich nur gegen Abend, nach der großen Hitze des Tages, zeigte, um im Schatten einer Tamariske »Audienz« zu halten. Tag für Tag versammelten sich Nomaden – Hilfe suchende Männer und Frauen – um ihren »Scheich«, wie sie den Magier respektvoll nennen, in dessen übersinnliche Fähigkeiten sie uneingeschränktes Vertrauen haben. Offensichtlich versprechen sich diese Menschen allein von seiner Gegenwart und Ausstrahlung »Baraqa«, eine heilende, gnadenspendende Wirkung. Sie breiten allerlei Utensilien vor ihm aus wie Gebetsketten, Büchsen mit Weihrauchharz, Armreifen, Werkzeuge, Amulette und eine große Zahl mit Wasser gefüllter Flaschen und Emailleschüsseln, und sie sind davon überzeugt, daß schon durch die Berührung der Gegenstände durch den Magier Heilkräfte auf diese übergehen. Das solcherart »aufgeladene« Wasser trinken sie als Medizin gegen alle möglichen Arten von körperlichen und seelischen Nöten.

Die am häufigsten praktizierte Form der Magie bei den Nomaden ist das Ausstellen mystisch-magischer Formeln auf Papier, welches, zusammengefaltet und in ein Ledertäschchen eingenäht, um den Hals oder am Oberarm getragen wird. Wiederholt schaute ich einem »Faqi« (Gelehrter – ein gängiger Ehrentitel für den Magier) beim Beschriften

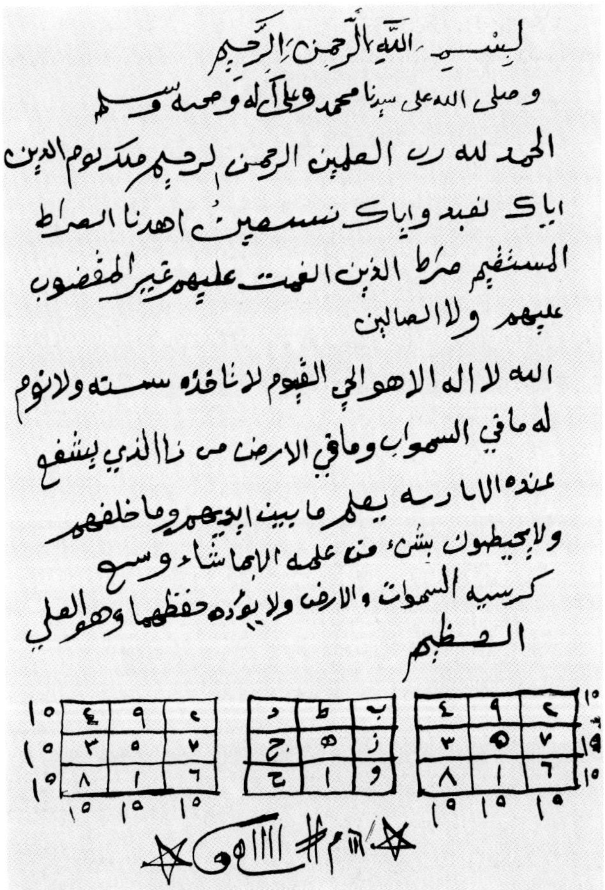
بسم الله الرحمن الرحيم
وصلى الله على سيدنا محمد وعلى آله وصحبه وسلم
الحمد لله رب العلمين الرحمن الرحيم ملك يوم الدين
اياك نعبد واياك نستعين اهدنا الصراط
المستقيم صرط الذين انعمت عليهم غير المغضوب
عليهم ولا الضالين
الله لا اله الا هو الحي القيوم لا تاخذه سنة ولا نوم
له ما في السموات وما في الارض من ذا الذي يشفع
عنده الا باذنه يعلم ما بين ايديهم وما خلفهم
ولا يحيطون بشيء من علمه الا بما شاء وسع
كرسيه السموات والارض ولا يؤده حفظهما وهو العلي
العظيم

*Mystisch-magische Texte und Formeln eines Magiers. Von dem »Woraga«, das in einem Amulett am Körper getragen wird, versprechen sich die sudanesischen Nomaden schützende und heilende Wirkung.*

von Papierstreifen zu. Dabei diente ihm ein zugespitzter Hirsehalm als Schreibfeder. Mit schwarzer Tinte kritzelte er stilisierte arabische Texte aufs Papier, zeichnete viereckige Felder darauf und füllte diese mit »verborgenen« Buchstaben- und Zahlenkombinationen aus, eine von den islamischen Mystikern überlieferte Symbolsprache, die vor allem im Sufismus Eingang gefunden hat.

Der Glaube an Magie ist bei den Nomaden im Sudan eine merkwürdige und schwer zu erklärende Nebenerscheinung des Islams. Im Grunde ist Magie etwas durch und durch Unislamisches. Sicherlich hat hier das nahe animistische Schwarzafrika auf den Islam abgefärbt. Bei aller Skepsis, die ich solchen Praktiken entgegenbrachte, unterschätzte ich doch nicht ihre zweifellos starke psychologische Wirkung. Der Magier übt hier zugleich die Funktion des Arztes und Seelenheilers aus.

Von dem alten Mann, der auch im Ruf eines großen Mystikers steht und in dessen unmittelbarer Nähe ich in einer Grashütte wohnte, geht die Legende um, daß er seit mehr als vierzig Jahren nahezu ohne Nahrung und Schlaf auskommt. Die Nächte verbringt er allein draußen in der Wüste mit meditativen Übungen. Dabei läßt er eine ungewöhnlich lange Gebetskette, bestehend aus den Kernen der Frucht des Giglik-Baumes, immerzu durch die Finger gleiten, spricht bei jeder einzelnen Perle eine mystische Formel dazu und preist Allah mit den schönsten seiner 99 Namen. Der Sinn dieser vor allem von Sufis angewandten spirituellen Praktik ist, den Geist »leer« zu machen und sich ganz der Schwingung heiliger Worte hinzugeben, mit dem »All-Einigen« zu verschmelzen.

Ich spürte, wie ich zunehmend in den Bann dieses Mannes gezogen wurde, der mir wie ein Herold einer anderen Welt und einer anderen Zeit erschien. So wie er im Staub saß, wirkte er zeitlos, vielleicht deshalb, weil aus ihm die Ewigkeit sprach. Er hatte den Frieden gefunden – und wahrscheinlich auch die Wahrheit. Unter dem Gewicht der für mich völlig neuen, erstaunlichen Erfahrungen, begann mein vom analysierenden Verstand geprägtes Weltbild alsbald zu wanken. Während der drei Wochen in Gesellschaft dieses alten Weisen, dessen Herzenseinfalt mich tief berührte, tat sich ein Spalt in meinem Bewußtsein auf, durch den sich mir ein bis dahin verborgener Bereich der menschlichen Seele eröffnete.

Nahezu täglich machte ich neue Bekanntschaften mit Nomaden: wohlhabende Sippenscheichs und besitzlose Kamelhirten, und viele luden mich ein, sie draußen in ihren Zelten zu besuchen. Das Wort »Khala«, draußen, hatte hier einen anderen Klang als in der Stadt. Immer wieder wurde ich beschworen, zu bleiben. Ich sei nicht wie andere »Nasara«, Christen, sondern einer der ihren.

Es war nicht notwendig, meinen Wunsch, unter ihnen zu leben, ausdrücklich vorzutragen. Das wäre auch unnomadisch gewesen. Alles wird hier durch Andeutungen ausgedrückt. Diese Menschen lassen dich durch eine äußerst feinfühlige Weise merken, was sie von dir halten. Unsere direkte Art, über Persönliches zu sprechen und zu diskutieren, ist ihnen fremd und schiene ihnen plump und unkultiviert. Wollte ich als ihresgleichen unter Nomaden leben, mußte ich mir ihre komplizierte und verschlungene Gedanken-

und Gefühlswelt und nicht nur ihre äußerlichen Verhaltensweisen zu eigen machen. Schließlich war ich nicht hierher gekommen, um die Nomaden zu studieren. Dadurch hätte ich mir geradezu die Möglichkeit genommen, in ihrem Leben mitzuschwingen und darin aufzugehen. Kein noch so ausgeklügelter psychologischer Trick hätte mich meinem tatsächlichen Ziel, das ja durch und durch ein inneres war, nähergebracht.

Mit Staunen beobachtete ich, wie diese oft nur in Fetzen gehüllten Hirten auf Umgangsformen bedacht waren. Ihr Alltag verläuft nach einem streng geregelten Ehrenkodex, dem sich niemand entziehen kann. Das kommt vor allem in einem feierlichen Begrüßungsritual, das von feststehenden Fragen, Antworten und Segenswünschen begleitet wird, zum Ausdruck. Ihre Art des Redens und des Gehens ersetzt jeden Mangel an äußerer Größe. Ich dachte daran, wie man in den sogenannten zivilisierten Ländern immer mehr von äußeren Formen im Umgang miteinander abkommt, und ich erinnerte mich an meine angeborene Abneigung gegen konventionelle Verhaltensregeln, die ich als unehrlich und heuchlerisch ablehnte. Hier fragte ich mich zum ersten Mal, ob wir dadurch wirklich mehr Freiheit gewonnen haben? Das ritualisierte Verhalten der Nomaden hat seine Wurzel in der Achtung vor dem Nächsten. So ist das Zubereiten und Trinken des Tees eine beinahe priesterliche Zeremonie. Ich begriff, daß die Nomaden in Ermangelung einer materiellen Kultur sich eine um so ausgeprägtere innere Kultiviertheit geschaffen haben, aus der sie die Selbstachtung ziehen, ohne die kein Mensch und kein Volk auf die Dauer auskommt. Sie sind selbstbewußt, aber nicht hochmütig. Aus einem überlegenen Instinkt heraus verstehen sie es, auch den banalsten Verrichtungen Bedeutung zu verleihen und dadurch ihre Schwächen auszugleichen. Ihr Gemeinschaftsleben erhält so eine gewisse Feierlichkeit.

Es ergab sich, daß ich, bevor ich in die Gemeinschaft der Nomaden aufgenommen wurde, in Begleitung eines Hirten namens Abd Al-Kheir, »Diener des Guten«, auf einem Kamel durchs Land reiten konnte. Sieben Wochen zogen wir durch eine staubige Dornenwildnis von einem Nomadenlager zum anderen. Während dieser Zeit lernte ich die selbstlose Gastfreundschaft der Nomaden kennen. Großzügigkeit scheint ein Vorrecht armer Völker zu sein. Ich wußte aus Erfahrung, daß das Gesetz der Gastfreundschaft den Nomaden heilig ist, und daß jeder, ob Freund oder Feind, sie mindestens drei Tage in Anspruch nehmen kann. In jedem Zelt, das wir besuchten, wurde ein Schaf- oder Ziegenbock für mich geschlachtet, und zum Abschied wurde ich beschenkt: mit Geld, einem lebenden Schaf und einmal sogar einem jungen Stier. Die Tiere verkauften Abd Al-Kheir und ich wieder auf dem nächsten Markt. Und jedesmal schied ich von unseren Gastgebern mit dem sicheren Gefühl, ihnen durch meinen Besuch eine Freude, eine Ehre erwiesen zu haben. Das einzige, womit der Gast zu zahlen hat, ist Unterhaltung. Wie immer er es auch anstellt: er muß seine Gastgeber unterhalten, wobei in meinem Fall oft »die Sprache des Herzens« Worte zu ersetzen hatte. Sich keine Mühe zu geben, wäre eine grobe Verletzung der Etikette. Auch totale Erschöpfung entbindet den Gast nicht von dieser Pflicht.

Geiz gilt bei den Nomaden des Sudans als besonders niedrige Eigenschaft, und für unser ängstliches Sorgen um das Morgen haben sie nur Verachtung übrig. Dabei hätten gerade sie allen Grund, ihren meist dürftigen Besitz zurückzuhalten, da ihre Existenz häufig von Hunger und Not bedroht ist. Nach unseren Vorstellungen sind sie arm, die ewig ruhelosen Wanderer, aber es ist eine würdige, von den Umständen aufgezwungene Armut, die ihnen ein Gefühl von menschlicher Größe verleiht. Sie, für die Bewegungsfreiheit unabdingbar mit der menschlichen Würde verbunden ist, erachten den Preis für ein seßhaftes Leben als entschieden zu hoch. Von Städtern und Bauern sprechen sie nur als von »Abid«, Knechten, und jede Form einer staatlich gelenkten Regierung ist ihnen verhaßt. Der Rhythmus ihres Daseins ist ganz und gar vom Vertrauen in die Vorherbestimmung des menschlichen Schicksals geprägt. Gott gibt und nimmt, wem er will.

Das eindrucksvollste Beispiel nomadischer Gastfreundschaft gab mir Scheich Ibrahim, ein frommer, bescheidener Mann von großer Güte. Er schien auch der einzige Nomade zu sein, der mein wahres Motiv für meinen Wunsch, unter Nomaden zu leben, verstand und mir uneingeschränktes Vertrauen entgegenbrachte. Von ihm geht die Legende um, daß er einen Kameldieb, den er auf frischer Tat ertappte, nicht bestrafte oder gar tötete, wie es zuweilen geschieht, sondern ihm ein Kamel schenkte. Der Kameldieb soll heute sein treuester Diener sein.

Scheich Ibrahim war weit und breit der einzige Besitzer eines Pferdes, eines rassigen Arabers von silbergrauer Farbe. Als ich ihn das erste Mal auf einem gemieteten Kamel in seinem Lager besuchte, schlachtete er täglich einen Hammel für mich und schenkte mir dazu noch einen hohen Geldbetrag. Hätte ich das Geschenk abgelehnt, wäre es gewesen, als hätte ich sein Herz zurückgestoßen. Beim Abschied begleitete er mich noch ein gutes Stück Weges auf einem Esel. Seine Bescheidenheit ließ es nicht zu, mit seinem Gast »auf einer Ebene« zu reiten. Auf meine Frage, weshalb er nicht ein Kamel oder sein schönes Pferd reite, antwortete er mir: »Du bist auf meinem Kopf«, was besagt, du stehst über mir, ich bin dein Knecht.

Viel später, als ich das Glück hatte, mehrere Monate im Sippenverband von Scheich Ibrahim zu verbringen, lud er mich eines Tages zu einem Ritt in ein benachbartes Nomadenlager ein, er zu Pferd und ich auf einem seiner Reitkamele. Nach dem Empfangsmahl bat mich Scheich Ibrahim, allein zu unserem Lager zurückzureiten; er wolle erst in einigen Tagen folgen. Dafür stellte er mir sein schönes Pferd zur Verfügung, eine Auszeichnung, wie sie nur wenigen zuteil wurde. Als ich aufbrach, näherte sich die Sonne bereits dem Horizont. Da ich fürchtete, mich in der Dunkelheit zu verirren, ritt ich das Pferd in schnellem Galopp, was mir, trotz meiner Unerfahrenheit im Umgang mit Pferden, großes Vergnügen bereitete. Es war eine Wonne, durch die im Gold der Abendsonne erstrahlende Dornbuschsteppe zu reiten. Kurz nach Einbruch der Dunkelheit traf ich im heimatlichen Zeltlager ein. Das Pferd dampfte und schäumte vor Erregung. Als ich am nächsten Morgen vors Zelt trat, war ich wie vom Schlag gerührt: Das Pferd lag tot am Boden. Meine Bestürzung wich bald einem tiefen Schuldgefühl. In meiner Unerfahrenheit hatte ich es versäumt, das völlig naßgeschwitzte Pferd abzutrocknen, ich hatte es zuschanden geritten. Mit bangen Gefühlen wartete ich die Rückkehr Scheich Ibrahims ab. Als dieser nach drei Tagen eintraf und sein totes Pferd liegen sah, kam kein Wort des Vorwurfs, ja nicht einmal eine Frage über seine Lippen. Überhaupt tat er so, als ob nichts geschehen wäre. Jeden Versuch meinerseits, ihm eine Erklärung abzugeben und mich zu entschuldigen, tat er mit einer Handbewegung als überflüssig ab. Ja, er behauptete gar, das Pferd sei schwer krank gewesen und wäre ohnehin bald gestorben, was mit Sicherheit nicht stimmte. Das war echt arabische Großmut. Er wollte mich, den Schuldigen, in Schutz nehmen und trösten. Als ich ihn wenige Tage später verließ, um der Einladung eines anderen Scheichs zu folgen, machte er mir sein edles Beschari, ein fahles Reitkamel, zum Geschenk.

Die Großherzigkeit und Ritterlichkeit dieses Mannes ist etwas, das ich nie vergessen kann. Noch nie habe ich einem Menschen gegenüber ein ähnliches Gefühl von Minderwertigkeit verspürt.

# TROCKENZEIT – REGENZEIT

Es ist ein himmelweiter Unterschied, ob man als Europäer nur als flüchtiger Gast unter Nomaden weilt, oder ob man, wie ich, zum Ziel hat, sich völlig in ihren Alltag zu integrieren. Monate sollten verstreichen, bis ich meiner Gastrolle entwachsen war und das Gefühl hatte, voll anerkannt und nicht nur als rätselhafter Fremder geduldet zu sein.

Die Nomaden prüften mich auf meinen Wert, wobei sie ihre eigenen Maßstäbe anlegten, die weit von denen der Europäer entfernt sind. Ich mußte zuerst für würdig befunden werden, um von ihnen angenommen zu werden. Aber sie waren großzügig genug, mir eine Chance zu geben, mich auch so eine Zeitlang unter ihnen leben zu lassen. Nach und nach entdeckte ich mit Genugtuung, daß es hier, trotz des ausgeprägten Verhaltenskodex der Nomaden, weniger schwer sein würde, aufrichtig zu sein als in unserer hochzivilisierten Gesellschaft. Mit Begeisterung stürzte ich mich in das Wagnis, unter Nomaden zu leben, ohne mir Sorgen über die Schwierigkeiten und Hindernisse zu machen, die mir zweifellos bevorstanden. Die Wüste bot mir Gelegenheit, zu einem instinkthaften Leben zurückzukehren, von dem viele Menschen nur träumen. Ich fühlte mich frei und leicht, und ich gab mich der Hoffnung hin, hier bleiben zu können und für den Rest meines Lebens Kamele und Schafe zu hüten. In mir erwachte ein Gefühl der Nähe zum Leben selbst und der Wunsch, mich ganz darin zu verlieren. Es war, als ob die Tür meiner eigenen Vergangenheit hinter mir ins Schloß gefallen sei und es keinen Weg zurück mehr gab.

Unmerklich glitt ich in den entbehrungsreichen und doch zufriedenen Alltag unserer kleinen Hirtenwelt hinüber, und ich lernte, mich äußerlich vollkommen der Lebensweise der Nomaden anzupassen. Diese Menschen lebten unbewußt nach der Überzeugung, daß Bedürfnislosigkeit die einzige wirkliche Form der Freiheit ist. Wie sie ernährte ich mich ausschließlich von Azieda, ein Brei aus grob gemahlener Hirse, Kamel- und Ziegenmilch und gelegentlich einem Bissen Fleisch, und selbstverständlich trug ich ihre Kleider. Dabei ging es mir keineswegs darum, mich zu kostümieren. Ein Mann in europäischer Kleidung unter Nomaden sieht fehl am Platz aus und ist es auch. Die weiten Kleider der Nomaden sind dem Leben in der Wüste angepaßt. Auch wäre in europäischer Kleidung kaum das Gefühl des Dazugehörens, auf das ich so großen Wert legte, in mir aufgekommen. Über einer gut knielangen Pluderhose trugen wir ein loses Hemd und um den Kopf einen Turban geschlungen. Alle Kleidungsstücke waren aus grobgewebtem, weißem Baumwolltuch, das aber nach und nach den schwer zu bestimmenden Farbton seiner Umgebung annahm. Unsere Füße steckten, zum Schutz gegen die allgegenwärtigen Dornen, in handgenähten Lederpantoffeln oder Sandalen.

Ich war erstaunt, wie leicht mir die körperliche Anpassung an eine der härtesten gesellschaftlichen Existenzformen fiel. Längst hatte ich mich an die unmenschliche Hitze, den Staub und sogar an die Kleiderläuse gewöhnt, die uns nachts den Schlaf raubten. Ich bildete mir ein, die anfänglichen Sprachprobleme weitgehend überwunden zu haben. Abend für Abend saß ich mit untergeschlagenen Beinen am Feuer im Kreis der Nomaden, beteiligte mich an ihren Gesprächen und lauschte ihren sentimentalen Liedern, die von Freiheit, Jagd und Leidenschaften berichteten. Ihre Sorge um Regen wurde meine Sorge, ihre Freude über einen neuentdeckten Weideplatz oder die Geburt eines Kamelkalbs wurde meine Freude. Ich ging in meiner Umgebung völlig auf, und alles, was europäisch an mir war, fiel nach und nach von mir ab. Die Erinnerung an mein früheres Leben verlor ihre Kraft, wurde an den Rand gedrängt. Zwar konnte ich durch willentliches Denken Bilder und Stationen meines früheren Lebens hervorholen, aber es waren unwirkliche, ja unwahrscheinliche Bilder, wie losgelöst von meiner Identität. Gelegentlich nur wurde mir klar, daß ich über Wochen hindurch ganze Bewußtseinsbereiche ausblendete, die mich mit meinen europäischen Wurzeln verbanden. Das Leben in Deutschland mit seiner vordergründigen Fortschrittsgläubigkeit tauchte nur bruchstückhaft und für Momente als ein fernes, graues Etwas in meiner Vorstellung auf. Mein Dasein unter Nomaden war so natürlich und selbstverständlich, daß ich es kaum fassen konnte.

Längst hatte ich mir auch die einfache religiöse Schau der Nomaden zu eigen gemacht, ohne darüber viele Worte zu verlieren. Sie sind keine religiösen Fanatiker, und nie hörte ich sie über Religionsfragen streiten. Nur wenige verrichteten die im Koran vorgeschriebenen Gebete, und auch mit dem Fasten im heiligen Monat Ramadhan nahmen wir es nicht so genau.

Von altersher ist die Wüste dem Menschen Stätte der Begegnung mit Gott. Er allein ist groß. Und doch hat dieser Gott für den Nomaden etwas Heimisches, etwas, das ihm ein absolut sicheres Gefühl der Geborgenheit gibt. Es ist eine Geborgenheit durch Preisgabe. Hier, in der stimulierenden Kargheit einer Landschaft, die keine Spur der Zeit trägt, wuchs die Überzeugung in mir heran, von etwas Stärkerem und Verläßlicherem, als ich es selber war, beschützt zu werden. Nirgendwo wird der Mensch so vollkommen auf sein wahres Ich zurückgeführt wie in der Wüste, und das kann eine erstrebenswerte Bekanntschaft sein. Hinzu kam die geistige Haltung des Nomaden dem Leben gegenüber, sein Fatalismus, sein Nichtbeachten all jener Dinge, die im Grunde so wenig wichtig sind. Diese Grundeinstellung läßt ihn die Welt in einem einfacheren und wahrscheinlich wahreren Licht sehen.

Nahezu täglich mühte ich mich ab, unter der Anleitung eines Koranlehrers im Kreis von Kindern Koranverse auswendig herzusagen, vielmehr zu singen. Behutsam schrieb ich die langgeschwungenen arabischen Buchstaben nach alter Tradition mit einer schräg zugespitzten Strohfeder auf eine abgegriffene Holztafel. Als Tinte diente mit Wasser angerührter Holzkohlenstaub. Nie war mir die Religion etwas so Lebendiges wie in jener Zeit in der Wüste, und nie war ich überzeugter, daß die Welt und alles Leben darin nicht zufällig und ohne Zweck geschaffen worden waren.

Das ganze Jahr über zog ich mit meinen Nomaden durch das heiße, trockene Land auf der Suche nach Weideplätzen und Wasser. Ich half beim Auf- und Abbauen der Zelte und beim Hüten der Kamele. Monatelang ernährten wir uns ausschließlich von Kamelmilch und Azieda, Hirsebrei. Nur abends am Feuer schlürften wir gelegentlich ein Glas Tee: süßen, starken Schwarztee. Der Nomade weiß die kleinen Genüsse, die ihm sein karges Leben bietet, zu schätzen. Fast immer hatte ich Hunger. Die Menschen dieses öden Landes waren von Geburt an an ständige Entbehrungen gewöhnt, und für einen Europäer bedeutet ein solches Leben eine einzige Hungerkur. Dennoch habe ich mich während der ganzen Zeit niemals nach einer deutschen Speise gesehnt. Es gab für mich keinen größeren kulinarischen Genuß als Kamelmilch und Azieda. Diese Feststellung war für mich nicht unerheblich, war sie doch ein Beweis dafür, daß auch mein Körper als Folge einer durch und durch positiven geistigen Einstellung zu meiner Umgebung die Umstellung nachvollzogen hatte. Wahrscheinlich hätte schon der geringste Zweifel an dem Leben, wie ich es führte, genügt, um meine Widerstandskräfte zusammenbrechen zu lassen. Ich wäre krank geworden. Vorbehaltlos trank ich zusammen mit unseren Viehherden die schmutzige Brühe aus abgestandenen Regentümpeln. Dabei hatte ich das sichere Gefühl, daß, wenn man dem Körper die Möglichkeit läßt, eigene Abwehrkräfte zu entwickeln, er dies auch tut. Jedenfalls fühlte ich mich bei den Nomaden gesund an Leib und Seele wie schon lange nicht mehr.

Nach ungefähr einem halben Jahr – das Zählen der Tage und Wochen hatte ich schon längst aufgegeben – kam die erste echte Krise. In zunehmendem Maße war ich Stimmungsschwankungen unterworfen, je mehr sich mir der äußerst subtile Charakter der Nomaden erschloß. Natürlich durchschauten sie meine Schwächen genau, und ihr Spott war, bei aller für sie so typischen Höflichkeit, versteckt und beißend. Folglich war ich oft gereizt und verletzt. Für jedes Fehlverhalten bestraften sie mich mit übertriebener Höflichkeit und Fürsorge, was mir nur um so deutlicher meine Unzulänglichkeiten und Schwächen vor Augen führen sollte.

In den langen Monaten fast ständigen Hungerns, während wir unsere Kamele in kleinen Herden von Weideplatz zu Weideplatz trieben, hatte ich mir eine Zwiebel, die noch aus Omdurman stammte, in meiner Kameltasche aufbewahrt. Eines Tages, als der Hunger unerträglich wurde, beschloß ich, die Zwiebel ganz unnomadisch heimlich zu essen, wohl wissend, damit gegen alle Regeln nomadischen Anstandes zu verstoßen. Diese immer hungrigen Gesellen teilen Lebensmittel stets untereinander auf. Unsere Art von Einteilen und Abgrenzen von Eigentum schiene ihnen ganz einfach lächerlich. Ein Nomade würde sich vor sich selber schämen, allein zu essen, solange auch nur ein Mensch erreichbar ist, den er dazu einladen kann.

Eines Nachmittags wähnte ich mich allein mit meiner kleinen Kamelherde, die mir gelegentlich anvertraut wurde, und ich aß die Zwiebel. Die Schalen vergrub ich im Sand. Unser Hund, der nie gefüttert wurde und sich buchstäblich von Luft zu ernähren schien, roch die Zwiebelschalen und scharrte sie aus. Diese wurden von einem vorbeireitenden Hirten entdeckt und daneben meine unverkennbaren Fußabdrücke. Die Folge dieses Ereignisses war, daß die Hirten mich rührend umsorgten. Abends drängten sie mir den Holznapf mit frischschäumender Kamelmilch auf, die aus mir unerfindlichen Gründen immer viel zu knapp war, und behaupteten, ihren Hunger bereits gestillt zu haben. Das schmerzte mehr als offene Kritik an meinem unziemlichen Verhalten. Es war ihre Art, mir bessere Manieren beizubringen.

Nach demselben Prinzip erziehen die Nomaden ihre Kinder. Sie werden selten gescholten und, nach meiner Beobachtung, nie geschlagen. Hier zählt allein das Beispiel, das die Erwachsenen den Kindern geben. Sie werden frühzeitig und ohne Zwang zur Arbeit angehalten. Ihre Kindheit ist eine glückliche Verbindung aus Arbeit und Spiel.

Alles Leben hängt hier von ein paar Regentümpeln und Brunnen ab, an denen täglich Tausende von Tieren getränkt werden. Wer nicht die Köstlichkeit einer lauwarmen, lehmfarbenen Brühe aus einem Wasserloch am eigenen Körper erfahren hat, wird um den Wert eines Glases reinen, kühlen Wassers niemals wissen. Daran dachte ich, als wir an einem frühen Morgen gegen Ende der Trockenzeit auf einen Brunnen zuritten. Aus allen Richtungen brachen schier endlose Kamel-, Rinder-, Schaf- und Ziegenherden brüllend und blökend aus mehlweißen Staubwolken hervor und strömten den Brunnenlöchern zu. Hirten mit Stöcken rannten wie von Sinnen umher, um die Herden getrennt voneinander zu halten. Dazu schrien sie mit ihren kehligen Stimmen wild durcheinander. Die blätterlosen Dornbüsche, zwischen denen wir hindurchritten, waren von einer dicken Staubschicht bedeckt. Alles im Umkreis war wie in eine Atmosphäre des Todes getaucht. Die Stimmung hatte etwas Dramatisches, ja Unwirkliches an sich, wie ich es noch nie erlebt hatte. Wie Schemen bewegten sich die Menschen mit staubverklebten, geisterhaften Gesichtern an den Rändern der Brunnen, aus deren Tiefe sie in schwarzglänzenden, runden Lederbehältern das schlammige Wasser an Seilen hochzogen. Jetzt, gegen Ende der Trockenzeit, lag eine tiefe Melancholie über dem Land.

Bleibt der von Mensch und Tier so sehr ersehnte Regen aus, wie es in den vergangenen Jahren immer wieder der Fall war, so bedeutet dies den Tod von Tausenden von Tieren. Dann kehrt die Not in das ohnehin karge Leben der Nomaden zurück, und die Suche nach Futter und Wasser entwickelt sich zu einem Kampf auf Leben und Tod. Mensch und Kreatur sind hier innig durch ein gleiches Schicksal miteinander verbunden. In lebenslanger Gemeinschaft ertragen sie Hunger, Durst, Hitze bei Tag und Kälte bei Nacht.

Zwei jahreszeitliche Extreme – Trockenzeit und Regenzeit – bestimmten unser Leben. Dieser Spannung verdankt der Nomade seine besten Tugenden. Aus der Härte seines Daseins zieht er seine Kraft, die ihn ein Leben ertragen läßt, dem nur die stärksten Naturen gewachsen sind. Doch haben die sattgrünen Weiden und die reichliche Nahrung während der Regenzeit nur deshalb eine beflügelnde Wirkung, weil ihr stets die lange Zeit der Dürre und der damit verbundenen Not vorangehen. Eine Dauerregenzeit würde die Kraft des Nomaden bald erschöpfen. Die

Notwendigkeit des Umherziehens ginge verloren, er würde seßhaft werden, zum Ackerbauer oder Händler. Hier in der Wüste ging mir das Geheimnis der Degenerierung des Zivilisationsmenschen deutlich auf: Ihm fehlt eine periodische Zeit der Entbehrung. Früher hat in den Ländern des Nordens der Winter dasselbe bewirkt wie beim Nomaden der Wüste die Trockenzeit. Doch dann begann der nordische Mensch mit Hilfe der Technik den Winter seines Sinnes zu berauben und damit gegen die Natur zu verstoßen. Anstatt sich auf diese Urerfahrung zu besinnen, bringt er täglich noch mehr Technik und Bequemlichkeit hervor, die ihm aber nicht die erhoffte Freiheit bringen, sondern ihn nur noch mehr in Abhängigkeiten verstricken.

Seit Wochen schon kündigte Wetterleuchten am südlichen Nachthimmel die nahe Regenzeit an. Die Natur wartete nach der langen Dürre fast schmerzlich sehnend auf den erlösenden Regen. Eines Tages war es soweit: Schwarze Gewitterwolken brauten sich zusammen, Blitze zuckten, Donner krachte, und dann: Regen! Ein wahrer Freudentaumel breitete sich über das ganze Land, der Mensch, Tier, ja die Erde selbst erfaßte. Bereits wenige Tage nach dem ersten heftigen Regen erwachte die Wüste zu neuem Leben und verwandelte sich von einer hitzeflimmernden Öde in eine frühlingshafte Weide. Die Stimmung war weitaus erwartungsvoller als beim Nahen des Frühlings in unseren Breiten.

Jetzt begann für uns die schönste Zeit, die stolze, glückliche Zeit des Umherschweifens von Weideplatz zu Weideplatz. Alle drei bis vier Tage brachen wir unsere Zelte ab, luden sie auf Kamele und trieben die Herden vor uns her, begleitet von den langgezogenen, melodischen Rufen der Hirten, in die ich vergnügt miteinstimmte. Die Frauen wurden in schön verzierten Sänften, zusammen mit dem ganzen phantastischen »Hausrat« der Nomaden, auf Kamelen befördert. Alles befand sich im Aufbruch, in Bewegung. Überall begegneten wir den farbenprächtigen, schwankenden Frauengemächern – Bilder einer märchenhaften Vergangenheit, die in dieser Ecke der Erde ungebrochen fortlebt. Wie lange noch?

Buchstäblich über Nacht kam Leben in unser etwas einförmiges Hirtendasein. Angehörige eines benachbarten Stammes, mit dem wir in Feindschaft lebten, hatten uns drei Kamele gestohlen. Am frühen Morgen schon bemerkten wir den Verlust und überstürzt machte sich eine Verfolgungsmannschaft auf die Spur der Diebe. Nur die Mutigsten und Ausdauerndsten sind den Anforderungen eines solchen Unternehmens gewachsen. Tag und Nacht werden die Spuren verfolgt, und es bleibt kaum Zeit zum Schlafen und Essen. Gelingt es, die Diebe einzuholen, lassen diese die Beute entweder im Stich oder es kommt zu einer Schießerei. Als unsere Männer endlich, nach acht Tagen, in unserem Lager eintrafen, von Strapazen gezeichnet, führten sie zu unserer großen Freude nicht nur die drei gestohlenen Kamele hinter sich her, sondern noch zwei weitere dazu, die sie ihrerseits wieder ihren Feinden abgeluchst hatten.

Im Gegensatz zum gewöhnlichen Diebstahl, der als besonders schändlich gilt und unter Umständen mit dem Ausschluß aus der Stammesgemeinschaft geahndet wird, gilt der Kameldiebstahl als ehrenhaft. Für die jungen Männer ist das Stehlen eines Kamels eine Gelegenheit, ihr Geschick und ihren Mannesmut unter Beweis zu stellen – eine Art Raubrittertum, wie in unserem Mittelalter. Es war ein bewegtes, abenteuerliches Leben, das uns den quälenden Hunger vergessen ließ.

# LEBEN IST WANDEL

Seit Wochen schon drehten sich die Gespräche in unserem Hirtenlager um die bevorstehende Karawanenreise nach Al-Atrun, einem natürlichen Salzbecken in der Libyschen Wüste. Jedes Jahr rüsten die einzelnen Nomadensippen eine oder mehrere Salzkarawanen aus, um den Salzbedarf ihrer Viehherden zu decken. Jeder unserer Hirten versuchte sich vor der Reise zu drücken, die selbst für die an extremste Entbehrungen gewöhnten Nomaden als eine besonders harte Prüfung gilt. Nur ich drängte danach, mitzudürfen. Der Nomade gehorcht keinem Befehl, und der geringste Kamelhirte dünkt sich ebenso frei wie der Mächtigste des Stammes. Je näher der Tag der Abreise rückte, um so dramatischere Formen nahmen die Warnungen meiner Freunde an, um mich doch noch von der Reise abzuhalten: Hunger, Durst, Hitze, Sandstürme erwarteten uns und die Gefahr, uns in der weiten, weglosen Wüste zu verirren! Glaube uns, du wirst umkommen in dem Land, »von dem Gottes Segen gewichen ist«. Ganz unnomadisch beharrte ich jedoch darauf, mich der Karawane anschließen zu dürfen. Sich freiwillig Strapazen und Entbehrungen auszuliefern, ohne sichtliche Notwendigkeit, war echt europäisch.

Endlich erfolgte der Aufbruch. Tag für Tag und oft noch bis tief in die Nacht hinein zog unsere Karawane ihre einsame Spur durch eine gespenstische Sandwüste, die während der Mittagsstunden am Horizont zu einer quecksilberartigen Masse verschmolz. Der nie ruhende Wind umfing uns wie ein Gluthauch, der direkt aus der Hölle zu wehen schien. Luftspiegelungen trieben ihr trügerisches Spiel mit uns und zauberten glasklare Seen hin, die sich beim Näherkommen wie ein Spuk buchstäblich in Luft auflösten. Mit jedem Schritt meines Kamels trat ich tiefer in mein Zauberreich ein, in die reine, vegetationslose Wüste, wo alles ewig ist.

Besonders liebte ich den stillen Zug unserer Karawane in der von Sternenlicht durchsickerten Nacht oder beim Schein des Mondes, wenn nur das Knirschen des Sandes unter den Tritten der Kamele, das Blubbern und Kluckern in den Wasserschläuchen und der leise, sentimentale Gesang eines Reiters zu hören waren. Ansonsten lag die Wüste in geisterhaftem Schweigen. In solchen Stunden hätte ich mit keinem Menschen auf der Welt tauschen mögen. Bei diesen eintönigen Nachtritten stiegen Bilder und Melodien aus dem Unbewußten empor, die aus einem anderen Leben zu kommen schienen. An einem Ort wie diesem, der an der Schwelle des Absoluten liegt, kann das Zwiegespräch der Seele mit dem Universum stattfinden.

Eines Nachts, während wir ein langes, im Mondschatten liegendes Sandtal hinabzogen, brach das Unglück über uns herein. Urplötzlich, wie auf ein geheimes Kommando, befiel die ganze Karawane eine Art Koller. Von Panik erfaßt, fingen sämtliche Kamele gleichzeitig an zu rennen und flüchteten in die Dunkelheit hinein. Nur mit äußerster Kraft konnten wir unsere Reittiere nach einem rasenden Galopp zügeln und zum Stehen bringen. Aber unsere 29 Lastkamele waren verschwunden, von der Nacht verschluckt. Bis zum nächsten Vormittag hatten wir sämtliche entlaufenen Kamele wieder eingefangen und die abgeworfenen Sättel, Lastennetze und Wasserschläuche, die zu unserer großen Erleichterung noch heil waren, eingesammelt. Was war geschehen? Meine Begleiter behaupteten, die Kamele wollten uns töten. Sie rächen sich für die Qualen, die ihnen der Mensch zufügt, oder sie verlieren das Vertrauen in ihn, daß er sie rechtzeitig zu einem Brunnen führt, bevor sie verdursten müssen. »Qoued as-sahara«, die Kraft der Wüste, sagte Saleh und erinnerte mich an die Warnungen vor Antritt der Reise.

Im Salzbecken von Al-Atrun herrscht ein reger Karawanenbetrieb. Niemand bleibt hier länger als unbedingt notwendig. Drei Tage kratzten und stocherten wir mit Äxten und Antilopenhörnern in glühender Hitze die rotbraunen Natronsalzbrocken aus dem Sand und füllten sie in Rinderhauttaschen und Netze aus Baumrindenfasern.

Eines Nachmittags erlebte ich ein kleines Wunder am Rand des Salzbeckens. Während ich im kurzen Schatten einer Plane vor mich hindöste, kam ein kleines, graues Vögelchen angeflogen, setzte sich zuerst auf meinen Kamelsattel und dann auf mein Knie. Ich konnte es kaum fassen. Ich war tief gerührt von der Zutraulichkeit dieses so einsam in der Wüste lebenden Geschöpfes. Lange schaute ich das zierliche Wesen an, und ich fühlte, daß wir dabei Freunde waren. Schon als Kind empfand ich zum Vogel wie zu keinem anderen Tier eine besondere Zuneigung, fast so etwas wie eine seelische Verwandtschaft. Mit welcher Sehnsucht hatte ich doch Frühjahr für Frühjahr die Ankunft der ersten Zugvögel, die Boten ferner Länder, erwartet!

Als unsere Karawane nach Wochen der Einsamkeit und des völligen Ausgeliefertseins an die Launen einer unerbittlichen Landschaft erschöpft zu ihrem Ausgangspunkt zurückkehrte, hatte ich das Gefühl, aus einer jenseitigen Welt zurückgekehrt zu sein. Weit hallten die Begrüßungsschüsse unserer Hirten, als diese unsere Karawane erspähten, durch die Wüste. Dann hängte mir Mohammed, der älteste Sohn des Scheichs, nach Stammestradition eine Kamelkniefessel um den Hals – eine Auszeichnung, die jeder Nomade erhält, der die Reise nach Al-Atrun zum ersten Mal hinter sich gebracht hat. Ich hatte den Test bestanden.

Inzwischen hatte ich wieder mein Hirtendasein aufgenommen. Aber es war nicht mehr dasselbe wie vorher. Irgend etwas war anders geworden. Die lange Zeit der Einsamkeit in der reinen Sandwüste hatte eine die Sinne läuternde Wirkung auf mich ausgeübt und mir den Spiegel vorgehalten – und daraus blickte mich der Europäer an...

Zunehmend zermürbte mich die Einförmigkeit der abendlichen Gespräche am Feuer, die sich fast ausschließlich um Weideplätze, Wasser, Stammesrivalitäten, Kameldiebstahl und Tee- und Zuckerpreise drehten und zu denen ich kaum etwas beisteuern konnte. Hinzu kam die Unmöglichkeit, einmal allein zu sein – ein Bedürfnis, für das meine Nomaden überhaupt kein Verständnis aufbrachten und das sie nur mißtrauisch machte. Unser Verlangen nach einem Mindestmaß an Anonymität ist diesen Menschen absolut fremd.

Oft wurde auch gestritten, ohne jedoch den anderen dabei in seiner Ehre zu verletzen. Die Nomaden sind wahre Streitkünstler, und jede noch so harte Auseinandersetzung endet in einem versöhnlichen Ton. Wird ein Nomade wirklich beleidigt, entwickelt er sofort Rachegefühle. Sein Durst nach Rache wird so lange brennen, bis er gestillt ist. Doch wird er sich hüten, eine Blutrache heraufzubeschwören, in die ja seine ganze Sippe miteinbezogen würde. So hat hier die Blutrache eher eine schützende Funktion, die besonders grobe Entgleisungen im Umgang miteinander verhindern soll.

Es war eine harte Zeit der Prüfung, und nur meine übergroße Liebe zur Wüste und zum Nomadenleben gab mir die Kraft, den täglichen Anfechtungen verschiedenster Art zu widerstehen. Ich begann, mir einzugestehen, daß ich, wenn ich auch noch so lange mit diesen Menschen zusammenleben würde, doch niemals ihre Weltanschauung ganz in mich aufnehmen konnte. Immer häufiger meldete sich eine innere Stimme, die mir sagte: »Deine Wurzeln liegen in Europa. Sie ausreißen zu wollen, wäre weder gut noch möglich, da ein Mensch deines Schlages mehr als nur eine Welt braucht, und er auch im Reich seiner Sehnsüchte und Träume auf jene Welt nicht verzichten kann, in der seine Wurzeln liegen.« Ich focht einen zähen Kampf mit mir aus, und ich konnte nur zusehen und abwarten, wer die Oberhand gewinnen würde: der Nomade oder der Europäer in mir.

Immer häufiger träumte ich von Deutschland. Alle möglichen Bilder und Menschen, die ich zum Teil seit Jahrzehnten nicht mehr gesehen hatte, tauchten vor mir auf: nicht meine Familienangehörigen, sondern Orte und Personen aus meiner Kindheit, von denen ich geglaubt hatte, daß mich nicht das Geringste mehr mit ihnen verband. Ich sah mich als Junge durch die heimischen Illerauen streifen und hinter Schmetterlingen herjagen. Einmal träumte ich von einem wogenden reifen Kornfeld vor einem Laubwald, in dessen hellgrünen Blättern der Sommerwind spielte – ein Bild von fast überirdischer Schönheit. Lange wehrte ich mich gegen diese Signale, aber mein altes, verdrängtes Ich begann seinen Besitzanspruch anzumelden. Allein die Tatsache, daß ich gegen etwas ankämpfte, das mir im Weg stand, war der sicherste Beweis dafür, daß es eben da war. Eine innere Unruhe hatte sich meiner bemächtigt, ein Verlangen nach Veränderung, nach einem Leben, das auch meinem vom europäischen Geist geprägten Denken, Fühlen und Handeln entsprach.

Ich fing an, mich inwendig von meiner Umgebung zurückzuziehen. Mein Dasein unter Nomaden war nicht mehr selbstverständlich. Ich war auf dem Weg, wieder kritisch zu denken. Ich lernte wieder zu unterscheiden, und gerade dadurch schied ich mich selber aus unserer Hirtengemeinschaft aus. Ich war schon nicht mehr einer der »ihren«. Ob ich es jemals war? Der Schleier, durch den ich die Welt mit den Augen des Orientalen, des Arabers, betrachtet hatte, bekam einen Riß. Durch diesen brachen die Wurzeln des Europäischseins und begannen, mein altes Ich zu umschlingen. Der Strom jenen fremden Lebens, in den ich mich vorbehaltlos gestürzt hatte und in dem mein eigenes Leben mitgeflossen war, begann zu versiegen. Gewiß, ich trug noch immer Nomadenkleider und wurde noch als der Freund und Bruder akzeptiert. Aber wir alle wußten, daß der Tag meines Abschieds unausweichlich näherrückte. Ich mußte mir eingestehen: du kannst nicht bleiben, du mußt zurück. Alles drängt dich, schiebt dich, bis du zurückkehrst. Dieselbe zwingende Kraft, die mich einmal in die Wüste, zu den Nomaden gelockt hatte, zog mich jetzt weg davon. Das bedeutete aber auch, daß ich den Weg heraus aus dem Dasein der Nomaden mit seinen ganzen Windungen und Kompliziertheiten zurückfinden mußte – zurück in jene Welt, die mir einmal so schal und öde vorgekommen war und die sich mir doch mit aller Macht aufdrängte. Es war nicht Heimweh, auch vermißte ich nicht im entferntesten den materiellen Komfort unserer Zivilisation. Was war es dann? Die Antwort habe ich später so formuliert:

»Du kannst hingehen, wo du willst: in die Wüste, nach Alaska, auf eine einsame Insel, du kannst an der modernen Zivilisation zweifeln, ja sogar verzweifeln, irgendwann holt dich deine Vergangenheit ein. Du mußt dich ihr stellen. Du kannst deine Herkunft vorübergehend verdrängen, aber du kannst deine Wurzeln nicht ausreißen, bleibst der du bist, und kehrst doch als ein anderer zurück.«

Der Europäer hatte über den Nomaden gesiegt. Ich spürte, daß damit ein bedeutender Lebensabschnitt für mich zu Ende gegangen war, der tiefe Spuren hinterlassen hatte, deren Auswirkungen ich aber noch nicht abschätzen konnte. Würde ich mich in der zivilisierten Welt jemals wieder zurechtfinden? Eine große Leere tat sich vor mir auf, als ich ein letztes Mal mein Beschari bestieg. Ich wußte, daß man keinen Dank von mir erwartete. Die Nomaden hätten eine Beleidigung darin gesehen. Und doch brachte ich es nicht über mich, davonzureiten, ohne meine Dankbarkeit zu bekunden. Ich war schon kein Nomade mehr.

Als ich durch die staubigen Gassen und über den Markt von Omdurman ging, bemerkte ich mit Staunen, wie sehr ich dieser Stadt und ihren Menschen entfremdet war. Ich wurde mir bewußt, welch eine verwandelnde Macht die Wüste auf denjenigen auszuüben vermag, der sich ihr völlig hingibt. Leben ist Wandel, Bewegung. Das ist die Wüste, wie der Nomade sie empfindet.

# RÜCKKEHR

Mitleben ist sicherlich die bei weitem schwierigste Art, fremde Völker und Kulturen kennenzulernen. Wieviel einfacher ist dagegen das Unterwegssein: immer nur so lange an einem Ort zu verweilen, wie es einem gefällt. Selbst die großen Forschungsreisenden des vergangenen und auch noch dieses Jahrhunderts, die oft jahrelang unbekannte Landstriche durchstreiften, haben nie wirklich mit den Völkern, die sie entdeckten und erforschten, gelebt, eben weil sie Forscher waren. Und forschen heißt unterscheiden, außerhalb stehen, was das genaue Gegenteil von Mitleben ist.

Seit meiner Rückkehr nach Deutschland werde ich immer wieder danach gefragt, wie ich es allein so lange unter diesen uns doch völlig fremden Menschen aushalten konnte und weshalb ich mir keinen Begleiter oder eine Begleiterin mitgenommen habe? Die Antwort darauf ist einfach: Mein Ziel, unter Nomaden zu leben, war ein viel zu persönliches, als daß ich es mit jemandem hätte teilen können. Ich ging in die Wüste, weil ich dort eine Lebensform zu finden hoffte, wie sie mir die Zivilisation nicht geben konnte. Und nur allein würde sich mir das Wesen der nomadischen Seele erschließen. Die Anwesenheit eines anderen Europäers hätte mir das Ablegen meiner europäischen Hülle und meines westlich geprägten Denkschemas unmöglich gemacht. Wir hätten uns vermutlich mehr über als mit den Nomaden unterhalten und somit zwangsläufig eine geistige Trennwand zwischen uns und unserer Umgebung errichtet. Allein unsere den Nomaden unverständliche Sprache hätte eine Isolation bewirkt und sie nur mißtrauisch gemacht. Nie habe ich in all der Zeit die Anwesenheit eines Europäers vermißt und nur selten fühlte ich mich einsam unter den Nomaden.

Die Schwierigkeiten, die ein Heraustreten aus dem vorgeprägten Ich mit sich bringen, habe ich bis zur Neige gekostet und den Weg zurück aus seelischem Fremdland, das mir aber zugleich Heimat war, wieder und wieder im Geiste nachvollzogen. Ich lernte zu akzeptieren, daß schon in der Sprache eine unüberwindliche Barriere liegt, die mich daran hindert, ein »anderer« zu werden. Völlig eintauchen in die Welt der Nomaden mußte ich, um dadurch meine eigene, vergessene Wirklichkeit wieder neu zu entdecken. Erst aus der Erfahrung zweier grundverschiedener Denk- und Lebensweisen gewinnt man eine genaue, tiefere Kenntnis seines eigenen Wesens.

Ein Besucher meiner Vorträge teilte mir in einem Brief hierzu seine Gedanken mit:

»Sie sind ein Beispiel dafür, daß wir mehrere ›Identitäten‹ in uns tragen. Wie wäre es sonst möglich, daß Sie als Schwabe fast vollständig im Bewußtsein eines Angehörigen eines Nomadenstammes aufgegangen sind... So etwas kann man nur, wenn es in einem ›veranlagt‹ ist. Für mich ist das nur erklärlich durch die früher auch noch im Christentum enthaltene Idee der Reinkarnation.

...Was Arabien anbelangt, waren diese Reisen nach meiner Vermutung mehr oder weniger Reisen in Ihre eigene Vergangenheit. Dem Tagesbewußtsein ist diese Vergangenheit ja soviel wie verschlossen, doch gibt es bereits eine Überfülle von Hinweisen, daß in unserem Unbewußten Erinnerungen daran vergraben sein können... Sie haben die Möglichkeit, erahnbar zu machen, daß wir in unserer Seele uns durchaus auch anderen Kulturen verwandt fühlen können – nicht nur aus einem rational erkennbaren, äußeren Umstand heraus, sondern aus einem spirituellen, tief in uns selbst liegenden Grund.«

Seit ich in Nordafrika und Arabien war, wo ich insgesamt sechs Jahre zugebracht habe, reiste ich durch Indien und den Himalaya (darüber berichtete ich in dem Bildband »Ewiges Indien«). Damit betrat ich in jeder Beziehung geistiges Neuland. In Indien wurde ich wiederholt mit dem Reinkarnationsgedanken konfrontiert, der Lehre von der Wiedergeburt, der ich bis dahin nicht viel abgewinnen konnte. Heute ist mir die Vorstellung, schon einmal als Nomade gelebt zu haben, völlig vertraut. Ein Inder sagte mir auf den Kopf zu, daß ich in einem früheren Leben ein »Desert-Arab«, ein Araber der Wüste gewesen sei.

Die am häufigsten an mich gestellte Frage lautet, ob ich nach all diesen außergewöhnlichen Erfahrungen, bei denen ich meine europäische Identität aufgab und in einem anderen Bewußtsein lebte, in unserer überzivilisierten westlichen Welt überhaupt noch leben könne? Meine Antwort verblüfft die Frager: »Seit ich meine eigenen Grenzen erfahren habe, indem ich mich, wie nur selten ein Europäer, von meinen geistigen Wurzeln entfernte, kann ich hier – und wahrscheinlich nicht nur hier – wieder mehr oder minder zufrieden leben, ohne mir den Blick für die negativen und zum Teil verhängnisvollen Tendenzen unserer modernen Gesellschaft trüben zu lassen.«

Gewiß werde ich stets ein »Gratwanderer zwischen den Welten« bleiben. Dabei blicke ich sowohl auf die eine wie auf die andere Seite der Welt unter mir, ohne einer von beiden ganz anzugehören – ein aufregender und nicht ungefährlicher Balanceakt. Dieses »Doppelleben« wird zum Ansporn, mich selbst zu prüfen. Es allein erzeugt jene fruchtbare Spannung, die notwendig ist, die gemachten Erfahrungen und die Schwingung jener anderen Welt herüberzuretten und sie geistig-schöpferisch umzusetzen.

Wahrscheinlich müssen wir uns zuerst sehr weit von unseren natürlichen Lebensbedingungen entfernt haben, um zu entdecken, was wir dadurch verloren haben. So entsprang meine Sehnsucht nach einer archaischen Lebensform, die, bei all ihren Mängeln, einen großen inneren Reichtum birgt, nicht allein dem »Nomaden« in mir, sondern auch dem suchenden und kritischen Zivilisationsmenschen, der sich zurücksehnt nach der vielgerühmten »heilen Welt«. Es ist ein wenig wie das Flötenspiel des Derwisch: Das Rohr ist von seiner Wurzel abgeschnitten und klagt sein Heimweh aus dem Flötenton! Aber es trifft auch zu, was der Völkerpsychologe L. F. Clauß, den ich für den besten Kenner der arabischen Seele überhaupt halte, und den ich wenige Jahre vor seinem Tod noch persönlich kennenlernen durfte, schreibt:

»Du wirst reicher sein, wenn du zurückkehrst, und auch einsamer. Denn die Zahl derer, die dich verstehen, wird dann geringer sein.«

# BILDER UND TEXTE

*1*

Für die meisten Menschen hat die Wüste etwas Feindliches und Trostloses an sich. Für Wenige nur bedeutet sie das Gegenteil: nämlich Heimat, Frieden, Geborgenheit. Die Propheten haben mehr oder minder lange Zeit in der Wüste zugebracht. Dort nur konnten sie sich, allein im Zwiegespräch mit Gott, auf ihre Sendung vorbereiten. Zweifellos hat die Wüste, wie keine andere Landschaft, eine Körper, Geist und Seele läuternde Wirkung. Sie ist der Ort der geistigen Unterwerfung unter das ewig gültige Gesetz.

## 2

Den Raum des »inneren Menschen« frei und leer machen, damit Gott dort einziehen kann! Dahin zielt das Streben des Sufi.
Ihre alles verzehrende Gottesliebe beherrscht die Sufis bis zur Ekstase, unvorstellbar für all jene, denen Gott durch die Äußerlichkeiten der formalen Verehrung sich in seinem tiefsten Wesen entzieht.

3

Viele Sufis führen einen gegabelten Stab mit sich als Symbol für den Wandernden, den Suchenden, der der Welt abgeschworen hat, der im Licht Gottes aufgegangen ist. Durchströmt sein von der Kraft des göttlichen Lichts! Doch oft ist Gott schwer faßbar. Da greifst du vergeblich nach dem »Saum seiner Gnade« ...

## 4

Der Derwisch tarnt sich gerne mit der Maske der Narrheit. Wie einst Franz von Assisi, der »heilige Narr«, kümmert er sich nicht um die Meinung der Menschen. Er ist nicht mehr von »dieser Welt«. Dschalal Ud-Din Rumi, der große Mystiker aus Konya, beschreibt den Derwisch mit den Worten:
»Auf der Welt ist kein Derwisch. Ein Derwisch sein bedeutet gerade dies: nicht zu sein. Er ist wie vor der Sonne das Kerzenlicht: Was er sonst auch sein mag, vor ihr ist es nicht. Vor ihr hat die Flamme der Seinskraft nicht Bestand. Zwar: halt einen Faden hinein, so wird er verbrannt, doch sie spendet darum kein Licht. Sie versinkt in dem großen Licht, das alles Licht trinkt.«

5

Die Wüste greift tiefer in die menschliche Seele als jede andere Landschaft. Allein in der vollkommenen Stille kann der Mensch frei über den tieferen Sinn seines Daseins nachdenken. Der Wind, die Weite, der Sand, das Licht schlagen mir wie eine Botschaft der Freiheit entgegen, die an meine eingeschlossenen Instinkte gerichtet ist.

## 6

Von meiner ersten Begegnung an mit den Bewohnern der Wüste entdecke ich, daß hier all jene verloren geglaubten Instinkte in mir zum Leben erwachen, die mein ganzes Wesen ansprechen. Die Nomaden nehmen mich wie einen der »ihren« auf. Doch sollte noch viel Zeit vergehen, bis ich meiner Gastrolle entwachsen war und ich in meiner Umgebung völlig aufging, zum Nomaden wurde.
Gastlichkeit gehört zu den schönsten Tugenden der Nomaden. Wieviel schwerer machen wir uns das Leben in unserer Angst, wir könnten eines Tages mit leeren Händen dastehen. Diese Angst sitzt in uns so tief, daß wir über dem Streben nach materieller Sicherheit den tieferen Sinn des Lebens aus den Augen verloren haben. Die Raupen der modernen Zivilisation haben unsere Seelenlandschaft eingeebnet. So ist die Ebene unser Los.

7

Hier ist alles auf das Notwendigste beschränkt. Es ist ein entbehrungsreiches Leben, ohne sichtliche Bequemlichkeit. Und dennoch strahlen diese Menschen eine Zufriedenheit aus, die von innen kommt und die für nichts in der Welt zu kaufen ist.
Auf eine wundersame Weise tauche ich ein in die Welt der Wüstenbewohner, die Heimat meiner Seele.

*8*

Gelegentlich legt der Magier einem im Staub kauernden Mann oder Knaben die Hand oder seinen abgegriffenen, krummen Stock aufs Haupt und murmelt ein paar geheimnisvolle Worte vor sich hin – ein Bild wie aus der Bibel. Ihre vertrauensvolle Wundergläubigkeit rührt mich an. Ihr seelischer Reichtum beginnt auch mein Leben zu bereichern, in einem Maße, wie ich es in meiner rationalen Welt bisher nicht erfahren habe.

9

Die Menschen der Wüste wirken in ihrer eigentümlichen Hockestellung wie lebende Statuen, und manche Gestalt könnte einem Rembrandtgemälde entsprungen sein, auf dem ein besonderer Schimmer der Verklärtheit liegt. Sie sind die letzten Erben und Bewahrer einer äußerlich armen, aber innerlich um so reicheren archaischen Lebensform, die unwiderruflich zu Ende geht.

*10*

Während wir genüßlich Tee schlürfen, mahlt die Frau außerhalb des Zeltes Hirsekörner mittels eines länglichen, zylinderförmigen Steins. Als Unterlage dient eine vom vielen Mahlen ausgeriebene Steinplatte. Die Nomaden wissen offensichtlich darum, daß Getreide frisch und grob gemahlen verwendet werden soll – eine uralte Erfahrung, die auch in unserer modernen Gesellschaft zunehmend Beachtung findet.

*11*

»Azieda«, Hirsebrei, hat für die Ernährung der Nomaden neben Milch dieselbe große Bedeutung wie für die Seßhaften das Brot. Sie dichten Verse und singen Lieder darauf. Das Essen mit der rechten Hand ist dem Moslem eine religiöse Vorschrift, die in der Sunna, den Lebensgewohnheiten des Propheten Mohammed, niedergeschrieben ist. Die Berührung der Fingerspitzen mit der heißen Speise hat eine der Gesundheit zuträgliche Wirkung. Dadurch soll verhindert werden, daß zu heiß gegessen wird.
Meine Zeit unter Nomaden ist eine nützliche Schule des Lebens, die immer wieder zu neuen Erkenntnissen zwingt.

*12*

So sitzen sie da und erleben den Tag, ohne Gefühl für die Zeit. Sie brauchen dazu keine Unterhaltung. Sie empfinden es durchaus als Wohltat, daß hier nichts Besonderes geschieht. Sie leben ganz in der Gegenwart. Der Rhythmus ihres Daseins verleiht ihnen ein ruhiges Gleichmaß.

*13*

Für die Nomadenkinder besteht keine Schulpflicht, es ist eher eine Auszeichnung, in eine Koranschule aufgenommen zu werden.
Ein leises Stimmengewirr, das sich anhört wie das Summen in einem Bienenstock. Dabei liest jeder Koranschüler von seiner Holztafel eine andere Sure. Diese traditionellen Koranschulen unter Allahs freiem Himmel dienen nicht nur der Bildung des Geistes, sondern auch des Herzens.

*14*

Der Koran ist für den Moslem das geschriebene Wort Gottes, dem Propheten Mohammed im ersten Drittel des 7. Jahrhunderts zu Mekka und Medina offenbart und auf Arabisch niedergeschrieben und verkündet. Für die Nomaden ist der Koran das einzige Lehrbuch zum Erlernen der arabischen Schrift.

*»Deshalb haben wir den Koran in arabischer Sprache offenbart, damit er als Richtschnur diene.«*

KORAN, SURE AL-RAD

## *15*

Wer lange in der Wüste gelebt hat, versteht manche Dinge, deren Bedeutung vorher verschlossen war, besser. Er taucht tiefer in die Geheimnisse des Lebens ein.
Die Propheten und Gottsucher teilen nicht umsonst ihr Leben in zwei völlig voneinander getrennte Abschnitte ein: Die Zeit vor ihrem Aufenthalt in der Wüste und die danach.

16

Das Feuer bedeutet dem Nomaden Herd, Heim und Geborgenheit. Hier werden die Ereignisse des Tages diskutiert, die ein Hirte gelegentlich auch in Versform gekleidet vorträgt. Der Nomade ist der geborene Dichter. Er hat seinen ganzen Kunstsinn auf den Gebrauch der ohnehin blumenreichen arabischen Sprache verlegt. Das Gedicht ist ihm heilig, fast wie das Gebet.

*17*

In der Wüste habe ich gelernt, stets auf Überraschungen gefaßt zu sein, und ein unerwartet gereichter Schluck frisch schäumender Kamelmilch kann zum Paradies auf Erden werden. Ein Leben unter Nomaden ist ein ständiges Auf und Ab der Gefühle. Sie können dir in ihrem Überschwang das Blaue vom Himmel herunter versprechen, aber nichts erfüllt sich. Und dann, im unerwartetsten Augenblick, wenn du das Versprechen längst vergessen hast, wirst du überrascht, ohne jede Vorankündigung. Dies ist eine der geheimnisvollen Seiten des Charakters der »Arab«.

*18*

Ihr Leben ist geprägt von der Mühsal der Suche nach Weiden und Wasser. Seit undenklich langer Zeit verläuft ihr Dasein unverändert. Hitze, Kälte und Entbehrungen nehmen sie in Kauf, ohne zu klagen. Sie kennen es nicht anders und wollen es nicht anders. Sie verzichten auf alle Bequemlichkeiten, die ein seßhaftes Leben bietet, und in diesem Verzicht liegt ihre Stärke und ihr Glück.

## 19

Alles geschieht hier so wie der Augenblick es verlangt. Deshalb sind die Nomaden auch in ihren Versprechungen absolut unzuverlässig, weil immer wieder etwas »Unvorhergesehenes« dazwischenkommt. Niemand ist darüber böse, nur der ungeduldige Europäer, der es gewohnt ist, die Zeit »einzuteilen«, anstatt aus dem Augenblick zu schöpfen.
Tugenden wie Geduld und Selbstbeherrschung, die den Nomaden auszeichnen, steht jedoch eine leidenschaftliche Lust am Streiten gegenüber, ebenso am Feilschen. Dies geschieht stets mit großem Stimmaufwand. Häufig werden Streitigkeiten dadurch geschlichtet, daß dem Benachteiligten ein Versöhnungsgeld gezahlt wird. Damit ist eine Auseinandersetzung endgültig bereinigt. Der Nomade ist im allgemeinen nicht nachtragend.

20

Aus nah und fern kommen die Nomaden auf ihren schönsten Reitkamelen zu einer Hochzeit. Tagelang finden Reiterspiele und Kamelrennen statt. Nach ein paar Ehrenrunden ums Hochzeitszelt erfolgt die Begrüßung. Es ist wie ein Auftritt von Schauspielern auf einer klassischen Theaterbühne. Ernst und steif bewegen sich die Darsteller aufeinander zu, reichen sich die Hand, mimen nur andeutungsweise eine Umarmung, trennen sich voneinander und reichen sich erneut die Hand, vier-, fünfmal... Der Mensch in der Wüste ist streng auf Form bedacht.

21

Die großen, dunklen Kinderaugen des Bräutigams sind mit Qohl, pulverisiertem Antimon, schwarz untermalt. Um sein Handgelenk trägt er den silbernen Armreif seiner Braut. Der Knabe scheint sich seiner Würde und der Bedeutung des Ereignisses voll bewußt zu sein. Die Gattenwahl wird ausschließlich von den Eltern getroffen. So hat das Verheiraten von Kindern meist schwer zu durchschauende familien- und stammespolitische Gründe. Das frühzeitige Knüpfen verwandtschaftlicher Bande bedeutet immer eine Stärkung der eigenen Familie. Sippen- und Stammestreue haben in einer derart archaischen Gesellschaft hohen Stellenwert.

# 22

Die Wüste ist der Ort häufig wechselnder Empfindungen, und alles bewegt sich im Extrem. Das Jahr über darbend, verstehen die Nomaden dennoch Feste zu feiern. Eine Hochzeit vor allem wird so zu einem echten Höhepunkt, auch zu einem Fest der Frauen. Die Nomadenfrauen besitzen ein ausgeprägtes Zusammengehörigkeitsgefühl, auch wenn sie mit ein und demselben Mann verheiratet sind. Doch ist die Mehrehe bei den Nomaden selten. Sie beschränkt sich ausschließlich auf einige mehr oder minder begüterte Scheichs. Dabei findet Wohlhabenheit vor allem im Viehbestand seinen Ausdruck, keinesfalls aber in einem gehobeneren Lebensstandard. Das Nomadentum duldet keine krassen Standesunterschiede.

23

Die Wüste ist kein Ort der Eile. Wir schlürfen hier und da ein Glas Tee, schwatzen über Belanglosigkeiten und empfinden das Leben, so wie es ist, ganz wohltuend und entspannend. Nichts ist so wichtig, daß es nicht auch morgen oder übermorgen, in einer Woche oder auch nie erledigt werden könnte. Unsere Maßstäbe von Dringlichkeit sind diesen Menschen fremd. Ungeduld ist neben Geiz jene Eigenschaft, die der Nomade am meisten verachtet.

24

Ausgeprägtestes Merkmal der Nomadenfrau ist ihr Selbstbewußtsein. Ein Leben im Zelt und das Umherziehen lassen keine Anonymität der Frau zu, die typisch ist für die ans Haus gebannte Städterin und auf die der traditionelle moslemische Mann so sehr bedacht ist. So ist auch die Verschleierung der moslemischen Frau eine rein städtische Sitte.
Die viel gepriesene Freiheit der Nomaden beschränkt sich nicht nur auf den Mann.

25

Die Brunnen sind immer auch wichtiger gesellschaftlicher Treffpunkt. Hier werden Neuigkeiten ausgetauscht und Streitigkeiten geschlichtet. Die Brunnen sind tief und die Arbeit des Wasserhochziehens ist schwer. Doch verrichten die Frauen sie mit sichtlicher Anmut und Freude.
Ihre Arbeit kennt nicht jene entnervende Monotonie, wie sie in den Fabriken der Industrieländer vorherrscht. Sie erfahren den Sinn ihrer Tätigkeit, die im Einklang steht mit den wahren Bedürfnissen ihres Lebens.

26

Alles Leben bewegt sich hier am äußersten Existenzminimum, am Rande des Todes. Für mich aber hat diese Welt nichts Abschreckendes, sondern ich fühle, daß ich hier, losgelöst von allen materiellen Bindungen, ein meiner Natur gemäßes Leben führen kann.
Das durch den Staub gefilterte Sonnenlicht läßt jedes Gefühl für die Tageszeit verdämmern. Ein Kind zieht ganz allein mit seiner Ziegenherde durch das geisterhafte Land, vielleicht schon tage-, wochenlang. Ich biete ihm »Abre«, mit Sauermilch vermengten Hirsefladen, an. Aber wiederholt lehnt das Mädchen nach nobler Art der Nomaden ab, bevor es endlich zugreift. Welch eine Beherrschtheit, die hier schon ein Kind besitzt! Tapfer schreitet das Mädchen wieder zurück zu seinen Ziegen, die zwischen den Dornen die letzten, für das menschliche Auge kaum erkennbaren Blätter knabbern. Dies war seine Welt – und es war fest davon überzeugt, daß es eine gute und schöne Welt ist.

27

Die Brunnen sind am Versiegen. Mensch und Tier leiden Not. Alles steht im Zeichen der bevorstehenden Regenzeit. Die Erde selbst harrt in fast spürbarer Ungeduld des großen Ereignisses: Regen! Die Spannung steigert sich von Tag zu Tag.
Gegen Ende der Trockenzeit vergrößert sich die Entfernung vom Brunnen bis zu den Weidegründen zunehmend. Der Weg der Kamel und Schafherden zur Tränke wird so immer länger und mühsamer.
Während die Hirten mit ihren Herden das ganze Jahr über unterwegs sind, lagern die Familien mit ein paar Ziegen in der Nähe eines Brunnens. Manche bauen etwas Hirse an, die sie nach der Regenzeit ernten. Ein in Tausenden von Jahren eingespielter und bewährter ökologischer Rhythmus hat so zum Überleben eines der letzten Wandervölker beigetragen.
Wie lange noch?

28

Der erste Regen ist gefallen! Die Welt ist vom Staub befreit. Herb duftet der regenfeuchte Boden.
Aus dem Schoß der Erde bricht millionenfaches Leben hervor. Die klare Luft ist durchdrungen von den reinen, lebenspendenden Kräften der Natur. Es ist, als ob durch das ganze Land eine Freudenbotschaft ginge, die vom Ende der Mühsal und Entbehrung kündet.

29

Das Erwachen der Natur zu erleben, ist ein fortwährendes Eingeweihtwerden in die Wunder der Schöpfung. Der wilde Duft des ersten Keimens durchströmt die Luft. Die Wüste ist erfüllt von neuem Leben, das die Fruchtbarkeit der Erde bezeugt. Wir fühlen, wie die ungebändigte Natur ihren eigenen Gesetzen gehorcht.

*30*

Die festliche Zeit des Wanderns ist angebrochen. Das Nomaden-Herz schlägt schneller. In unserem Lager herrscht ein reges Treiben. Einige Kamele werden mit zusammengerollten Zelten beladen, andere tragen die Otfa, eine reichverzierte Sänfte für die Frauen. Biblische Szenen, die einmal meine kindliche Phantasie genährt haben, tauchen aus der Tiefe der Erinnerung auf.

*31*

Selbstbewußt blickt diese Wüstenkönigin von ihrem schwankenden Thron. Das Reisen der Nomadenfrau in einer Sänfte bedeutet im wahrsten Sinne des Wortes eine Erhebung der Frau.
Mich beeindruckt die stolze Einfachheit dieses Volkes, die mit einer natürlichen Würde gepaart ist, und ich genieße die Freiheit, die ein Leben mit Wanderhirten mit sich bringt. Wieder und wieder frage ich mich: Wie konnte sich das alles bloß erhalten in einer Zeit, in der man der Gleichmacherei die letzten Oasen einer seit Beginn der Geschichte bewährten Lebensform opfert?

32

Die Nachricht von neuentdeckten Weideplätzen hat uns erreicht. Überstürzt brechen wir die Zelte ab. Tag für Tag treiben wir unsere Herden durch eine goldene Wildnis, die hier und da von frisch sprießendem Gras und Dornensträuchern bedeckt ist. Ich werde von der Feierlichkeit eines Wir-Bewußtseins getragen, und nichts verbindet mich mehr mit der Welt der Seßhaften.
Doch ist das Umherziehen mit den Herden uralten Regeln unterworfen, die durch Stammesgrenzen bestimmt werden. Es gibt eben auch für den Nomaden keine »grenzenlose Freiheit«.

33

Rätselhaft wie das Wesen des Nomaden ist auch der Charakter des Kamels, so als hüteten sich Mensch und Tier in stiller Übereinkunft, ihr Geheimnis preiszugeben.
Das Kamel ist berühmt für seine Duldsamkeit, aber auch für seine Eigenwilligkeit. Stundenlang kann es durstend am Wasser stehen und geduldig darauf warten, bis ihm von Menschenhand eine ihm genehme Tränke aus Schlamm geformt worden ist. Dann läßt es sich noch durch bestimmte, wohlklingende Gesänge locken, bevor es sich dazu herabläßt zu trinken.

*34*

Noch können diese Menschen sich kein anderes Leben vorstellen als das ihrer Vorväter. Sie möchten mit niemandem tauschen. Wahrscheinlich harren sie nur deshalb hier aus, weil ihr Wunsch nach Freiheit so übermächtig ist.
Was mich vor allem interessiert, ist die Seele dieses Volkes, der ich mich auf geheimnisvolle Weise verbunden fühle.

35

Sein faltiges, baumrindenartiges Gesicht strahlte die Abgeklärtheit dessen aus, der nicht aus Büchern, sondern aus dem Leben selbst geschöpft hat. Als ich ihn ansah, wußte ich, daß es für dieses Gesicht im Bereich des Menschlichen nicht viel Verborgenes gab. Mancher dieser letzten Patriarchen der Wüste, deren Alter Weisheit und natürliche Autorität verbürgen, sind von einer Aura der Ruhe und Abgeklärtheit umgeben. Ihre innere Haltung dem Leben wie dem Tod gegenüber spiegelt sich in ihrer äußeren wider.

36

Seit ungezählten Generationen haben die Nomaden ihre Spuren in der Wüste zurückgelassen, die von ihrem ruhelosen Wanderleben zeugen: verkohlte Feuerstellen mit drei Kochsteinen.
Das nächtliche Lagerfeuer ist der natürliche Ort der Poesie und der Märchen.

*»Ist es nicht wunderbar, daß uns*
*der Mantel der Nacht umhüllt,*
*und daß du verweilst und nicht*
*zu mir sprichst?*

*Nur die Augen verraten der Seele*
*geheime Gedanken, die lodernd in*
*Flammen stehn!«*

AUS DEN MÄRCHEN AUS 1001 NACHT

37

»Allah kerim«, Allah ist gütig, barmherzig, er wird schon für uns sorgen! Das ist die Grundeinstellung der Nomaden. Sich ausliefern, Entbehrungen und Leid vertrauensvoll hinnehmen: daraus schöpft der Mensch in der Wüste Kraft. Islam bedeutet ja Unterwerfung, Friede, das heißt, daß ein Mensch nur dann inneren Frieden erlangen kann, wenn er sich bewußt dem Willen des Höchsten ergibt.

## 38

Wir tauchen ein in das Reich des Schweigens. Von der großen Leere – »Khala«, wie die Araber sie nennen – geht eine zwingende Kraft aus, die jeden, der in ihren Bann gerät, für immer verwandelt. Der Geist wird rein und geläutert.
Die Hitze und der schaukelnde Rhythmus des Kamels wiegen mich in einen Zustand zwischen Wachen und Träumen. Ich habe das Gefühl, mich schwerelos in einem tunnelartigen, finsteren Raum auf einen Lichtpunkt hinzubewegen. Plötzlich vernehme ich eine innere Stimme: Du kannst nicht bleiben, du mußt zurück! Erschrocken über die Worte erwache ich aus meinem Tagtraum und bin froh, wieder das Knirschen des Sandes unter den Kamelsohlen zu vernehmen.
Während der restlichen Tage unserer Karawanenreise von Al-Atrun zurück zu unserem Hirtenlager will mir die mysteriöse Stimme nicht aus dem Sinn gehen. Zweifellos hatte das Erlebnis die Bedeutung eines Signals. Schließlich akzeptierte ich: Es war die Stimme der Wüste selbst, die Antwort auf meine Suche.

# VERZEICHNIS DER ABBILDUNGEN

*1* Die Wüste als Stätte der Begegnung mit Gott: Moslem beim Gebet.

*2* Sufi-Treffen bei Omdurman.

*3* Sufi im Zustand »mystischer Liebestrunkenheit«.

*4* Tanzender Derwisch als »heiliger Narr«.

*5* Kamelkarawane im West-Sudan.

*6* Von weither kommen die Nomaden zu einer Hochzeit.

*7* Nomadenkinder am Feuer.

*8* Magier bei einer »Heilung« durch Stockauflegen.

*9* Koranlehrer wärmt sich Hände am Feuer.

*10* Nomadenfrau beim Zubereiten von Hirsebrei.

*11* Vater und Sohn beim Hirsemahl.

*12* Alter Nomade mit Amulett am Arm.

*13* Koranschule: Lehrer mit Schülern.

*14* Die Utensilien eines Koranschülers: Loh' (Holztafel), Koran, Lalob (Gebetskette), Schreibfeder und Tintenfaß.

*15* Mystiker mit Gebetskette.

*16* Das Feuer bedeutet dem Nomaden Herd, Heim und Geborgenheit.

*17* Junge Hirten mit Milchgefäß.

*18* Nomadenfamilie am morgendlichen Teefeuer.

*19* Nomade in typischer Hockestellung mit Dolch am Arm.

*20* Zum Auftakt einer Hochzeit finden Kamelrennen statt.

*21* Junger Bräutigam mit Schwert und Kamelpeitsche.

*22* Frauen erwarten den Bräutigam.

*23* Teepause im Hirtenlager.

24 Nomadenfrau mit tätowierter Unterlippe und Schmuck aus Gold, Silber und Elfenbein.

25 Frau zieht Wasser aus Brunnen.

26 Hirtenmädchen mit Ziegen.

27 Sandsturmstimmung am Brunnen: Mensch und Tier leiden Not.

28 Nach dem ersten Regen verwandelt sich die Wüste in ein grünes Weideland.

29 Säugendes Kamelkalb.

30 Aufbruchstimmung im Nomadenlager.

31 Nomaden auf Wanderschaft: die Frauen werden in Kamelsänften befördert.

32 Abbruch eines Zeltlagers.

33 Kamele an der Tränke.

34 Rast am Feuer auf dem Weg zu einem neuen Weideplatz.

35 Niemand kennt seine Gedankenwelt: alter Nomade im Zelt.

36 Eine kleine Lichtinsel in der weiten Wüste: Hirte mit Kamel am Lagerfeuer.

37 Betender Kamelhirte.

38 Salzkarawane in der Libyschen Wüste.

# LITERATUR

Ludwig Ferdinand Clauß: Umgang mit Arabern des Ostens. Nürnberg: Luken & Luken, 1949.

Jahrbuch für Psychologie, Psychiatrie und Medizinische Anthropologie. Aus dem Aufsatz von Ludwig Ferdinand Clauß: Menschsein auf Türkisch. Freiburg: Karl Alber, 1968.

Idries Shah: Die Sufis. Düsseldorf/Köln: Diederichs, 1976.